紹興大典

史部

萬曆紹興府志

6

中華書局

紹興府志卷之四十一

人物志七

鄉賢之二　列傳後

皇明梁貞，字叔亨，新昌人。舉元鄉試，授太平路教授，端慤寡言，深沉有識。

高皇帝克太平，貞率諸儒迎拜，請戢軍士，安生靈，復以三王之得天下者爲言。上深然之，留掌圖書，與李善長同侍幄幃，參密議。上欲取金陵，謀諸貞，貞力贊之，命都事江南行省，遷湖廣按察僉事，兩浙轉運使。未幾，拜太子賓客，日侍大本堂，多所啓沃。戊申以本官兼國子祭酒、國子諸科條皆貞所規畫也、事載南雍志、嘗輯古詩三百篇進覽、上以賓之初筵命丞相直解、喜悅感嘆、命繕寫數十本頒賜大臣、俾朝夕警省、後以老乞歸、築墅鰲峯之下、日與里中宿儒相賡唱、有古大臣之風、

劉性傳、字士原、嵊人、元季兵起、散家財聚兵以捍鄉邑、號義兵萬戶、高皇帝駐金華、率衆歸附、陳匡國安民之策數千言。稱旨、擢中書門下侍郎、固辭。改陝西鞏昌知府、地近北虜、民物凋弊、性傳撫輯軍民、恩威並著、邊境以寧、

顧觀年十七成進士二十四歲卒無子

胡惟彥字斯美餘姚人居鄉以耆德見推元季隱居避世　明興舉遺逸趣見　上上太平頌　上覽而悅之命賦早朝詩十章立就　上益大悅拜湖廣參政懇辭改兖州知府在郡一年政平訟理百姓皆愛戴焉卒於官子伯順學篤行修鄉黨稱爲雲巢先生

顧觀蕭山人自童時即一覽不忘善屬文年十六適洪武開科之始遂以書領鄉薦第一明年成進士

太祖甚愛之日侍左右遇有咨訪呼曰小翰林

太祖嘗訪天下利病對曰法徒罪以上悉廷審臣民皆苦其煩請自死罪外悉從外省徑決　上允之遂

爲一代定制、尋擢大理評事、每審獄必令唱名、卒于官、年財二十有四、魏文靖驥嘗從之學、惜其無嗣、爲設主祀之、終其身、祀鄉賢

韓宜可、字伯時、山陰人、忠獻公琦之後、幼好學、精敏淹博、磊落有大志。洪武初以貢授山陰文學、歷西臺御史、自以受知遇、言事蹇諤無所避。貴倖側目焉、賴上神聖、得自全、出爲陝西按察僉事、坐累免爲庶人、尋起授山西布政使、久之再戍滇陽、未幾復起爲雲南參政、遷右副都御史、宜可雖以文學名、然明習法令、歷憲臺多所平反、世稱老吏云。祀鄉賢

葉砥字履道蕭山人少有學行洪武初舉進士除定襄縣丞八年坐累謫涼州日杜門力學處之裕如建文元年詔求賢群臣交薦砥史才召爲翰林編修後又有言砥宜任風憲者改廣西按察僉事用法平吏民畏愛永樂初坐修史書靖難事多微詞被逮籍其家惟薄田敝廬圖書數篋事白仍與史職尋改考功郎中蹇尚書義任以藻鑑人才

仁廟出東宮以砥爲侍講職無弗舉久之引年求去不許復乞郡出守饒饒有磁窯銅冶而丁調復等他郡砥言於當路減四之一諸所利病悉爲興革刑清

訟息。日賦詩自適。年八十、卒于官、士民巷哭罷市、著書數十卷、孫晃舉進士、官副都御史、所至有聲、祀鄉賢

嚴震、上虞人、洪武乙丑進士、任監察御史、官至刑部尚書、以才敏著稱、見戴志

趙淵、字澤民、會稽人、洪武初領薦、授陽穀令、遷山西按察使、繩贓吏。興學校。卓有時譽。及解官歸、結茅先隴之側、簞瓢誦讀。無異布衣。鄉人賢之、

宣温、字彥温、會稽人、少穎悟好學、襟度夷曠、家貧處之裕如。洪武中被召、 上詢以治道、温條對甚悉、
上因問漢高祖殺功臣、光武全功臣、優劣何如、温對

曰高祖殺功臣、功臣自殺、光武全功臣、功臣自全、
上悦其言、授四川左參政、居官有惠政、蜀人祠祀之、
錢古訓字古訓、餘姚人、洪武甲戌進士、調行人、是時
緬與麓川相構、緬主使使来貢、而訴思倫發于我、
上擇古訓持勑往諭、至則宣　上威德、釋二國之忿、
罷其兵、麓川酋長刀干孟者謀攻其主、古訓曰、吾以
天子使將事裔夷、乃弗能靖小醜、何以報命天子、於
是馳入其部、責以大義、皆稽顙凛凛、無敢復逞者、思
倫發以古訓能休爭已亂、薦方物、願留爲援、古訓卻
不受。作書示以不可。思倫發得書駭汗。遂歸古訓於

是古訓、敘次百夷山川風物爲書、還見　上、并奏之、
上悅、付史館、賜襲衣、後知漳郡、以文章飾吏事、表
著忠孝激勵風俗、甚著聲稱。尋攺湖廣參議、名績愈
茂、　祀鄉賢
周觀政、山陰人、洪武中以薦、教授九江、擢監察御史、
嘗監奉天門、有中使將女樂入觀政、止之。中使曰、有
命、觀政曰、有命亦不可、中使怒而入、頃之出報曰、可
使之出、觀政亦不從、曰必面奉詔。已而　上出、謂觀
政曰、內間慶賀、侑食之樂廢缺、欲令內人肄習、吾已
悔之。御史言是。永樂初、出爲江西按察僉事、建言九

事曰遵定制厚親親嚴邊備戢邊情謹刑獄通下情慎朝儀惜人才明毀譽皆見嘉納時安南初下觀政文言四事曰修明政教慎簡征科革正衣冠作新學校疏入　上即賜施行官至觀察使卒

劉季箎名韶以字行餘姚人洪武中進士授行人使朝鮮得體　上賜之襲衣鏹寶擢陝西左參政陝不產硇砂然歲課之民有以此破家者季箎爲奏罷之召爲刑部侍郎以仁厚求生爲本會纂修永樂大典　上命少師姚廣孝尚書鄭賜總其事而擇卿佐有文學行誼者一人副之季箎被選功多於討論坐註

誤、左遷兩淮運副、未行改工部主事、季篪爲人清素、位都顯要。泊然自持。至貶秩。無幾微見顔色。居家敦孝讓。御人雍容。治經長於春秋。喜吟咏。沖澹優柔。又精於律學法家宗之。　祀鄉賢

姚友直蕭山人、洪武中進士、授中書舍人、改翰林侍書、永樂初、蘄獻王滕王皆以皇孫年少、未之國、　上以爲輔導宜用正人、拜司經局洗馬、進左春坊左庶子、授二王經、匡扶以禮、不激不阿。兩府皆敬重之、仁宗即位、滕王始建國雲南、　上欲使終相王、遂以爲其國布政司右參政、領滕府長史事、

宣宗即位將郊祀召爲太常卿歷事四朝剛介廉慎沐恩寵最優方期大用以疾卒於京祀鄉賢

劉子華字昭甫山陰人按劉氏家譜名昭父行華二今仍舊志洪武初以明經薦太祖召賦常遇春挽詩子華立賦曰揮戈十載定河山忽報星沉易水灣馬首西風旌旆捲天涯落日凱歌還功成楚漢興亡際名在韓彭伯仲間聖主思功心獨苦黃金直欲鑄真顏大稱旨授大興同知子鍔廷對第三人官編修卒從孫楝字元隆正德初進士選吉士授編修嘉靖初議大禮忤旨廷杖稍遷左中

允復忤執政，出參湖省，終南兵侍郎，歷官四十年，所居蕭然，如隱者，孝友和易，無少長皆樂親之。棟祀鄉賢

朱仲安，蕭山人，中洪武庚午鄉試，授河南鞏縣學訓導，因言事遷武進縣簿，以善政聞，

太祖遣行人齎幣旌之，有正己帥物、廉能愛民之語。進知縣，永樂初，拜監察御史，扈駕北征有功，遷湖廣按察副使，改交阯，坐逮，謫山東御史，奉勑考察，會都御史缺，上命署院事，尋巡按貴州、河南，居官廉重，臨事必存大體，聲稱籍甚，以學行見知

仁廟，一日嘗顧侍臣曰：朱仲安御史中翹楚，朕甚重

之錫勅命賜寶楮爲道里費使歸焚黃宣德初遷河南按察使入覲課爲十三道風紀之最進通議大夫卒于官祀鄉賢

張經字孔升蕭山人洪武中以明經舉累官國子助教靖難師入城棄官歸時事出倉卒夜半縋城而下幅巾野服絕口不言時事人亦鮮知其心者傳學多才爲一時儒宗同邑魏文靖殷魯二御史姚太卿諸暨王編修皆其門人也晚年以棋隱更號橘樂年八十餘而終有詩文稿若干卷

高復亨字本中山陰人洪武中詔爲總戎掌書記攺

知河間獻縣、招集流亡、百姓咸歌思之、坐累謫鍾離、未幾復起、知諸城、諸城故窑地、窑人廢學久、復亨始至、樹學延儒、教化大行、時比之文翁治蜀云、

胥任、嵊人、家貧力學、善詩文、兼精篆隸、洪武間任蕭縣訓導、遷河南武陵知縣、在任九年、一毫不苟取、有獻瓜菜者、曰、此苞苴之漸也、遂却之、永樂中遷刑部主事、卒于官、舁襯歸葬、惟篋書束帛而已、

車誠、字信夫、餘姚人、洪武初舉賢良方正、知潁上縣、奉職廉謹、以誠信治民、政化大行、尋以最遷知光州、益著聲績、

錢伯英名仁傑餘姚人通經術寡言自可召拜上元令是時干戈甫定伯英爲縣能以教俗興化爲急有絃誦之聲　上賜之袍笏

胡季本字秉誠餘姚人起家太學生授建昌府經歷擢知清江有惠愛改新淦清江之民與新淦爭乃其命已下卒知新淦新淦號多事喜訟季本爲之財一年縣庭清肅時出郊問民所疾苦相慰勞如家人父子卒于官百姓廟像祀之

王旭字漢章餘姚人强學力行隱居教授學者多從之游洪武中以茂才徵拜英山知縣縣舊多虎患旭

至禱于神虎輒避去在官興學勸農吏民親愛如父母焉

朱孟常字守恒餘姚人洪武中鄉貢任南平令最名有體要縣逋漁課久不能償孟常奏蠲之江西民兵採木過南平饑餓瀕死孟常出粟以賑所全活甚衆時遣中官刻期督木至南平期迫而木未集搒笞苛急衆駭亂孟常力爲安撫夜有神見於夢謂中官曰若苐去朱令在何患事不濟中官覺而疑之悉以付孟常孟常從容處之事濟而民不擾

王珩字叔珩會稽人少力學有志事功洪武中陳時

務十策有裨治道授鹽城令興革利弊民甚德之永樂初遷刑部主事不就歸

黄鄰字元輔諸暨人性簡重工文詞居鄉持重洪武初徵爲翰林院典籍遷御史以老出知杞縣道民興學政事雅茂尋告歸鄰嘗編次縣志後多本之云祀鄉賢

錢遜字謙伯山陰人性至孝母卒廬墓洪武中膺薦授寧夏水利提舉吏目修河防實邊餉既還大將何福奏遜參侍有功拜孟津知縣盡心民事改知弋陽坐累謫戍復以薦對策稱旨授文昌主簿文昌居

海島夷俗悍戾遜宣布德意化行嶺海間遜狀貌魁梧言行詳定夷險一節雖歷危變卒能以功名終素工詩有遜齋集二十卷

王孟暉諸暨人初知泗州奉公約已教民耕作飭勉諸生視其雅懋者傾身禮之最聞擢知肇昌坐謗謫瓊州府同知縉紳投荒裔者多跂足待滿而已暉獨盡心脩職所行無一事不中人情又喜廉察有風岸瓊人至今稱之

方自新諸暨人洪武末以孝行舉授齊安驛丞擢石首令在邑以寬化民有怨告進而兒女語之民至牽

令裙相爾汝勿加咄叱會民負逋上官督責旁午掠無完膚自新憫之召耆老富民諷諭之乃先出俸爲士民倡竟得米萬餘石爲民代輸餘九百石儲爲義廩自是饑荒有賑流徙復歸者三百户石首仍夷俗不知喪禮自新爲陳孝感之義戒以法制民乃遵用其教洪武三十年上遣使覈海内徵需實數郡縣冊稍謬輒得罪石首舊牘無稽自新亦就逮父老相率走京師請貸不報竟隸作所明年廷臣言石首有異政所坐甚輕上特宥之超拜鄖陽守郡遭旱蝗逋租十餘萬石民至死無以償乃上章乞入楮幣代

呂升章壽
九十二

租、上從之、上津竹山二縣土瘠而民貧、科繇乃與壯縣齒、自新爲奏減租稅之半。未幾中原構兵、中使四出督轉輸、括兵器、閭閻騷動、自新以郡當瘡痍之餘、不忍重困、請自繫。中使初愠而終義之、凡所賦得減他郡。考績北上、至龍江卒、鄖陽人哀之如喪慈父云、

呂升、字升章、山陰人、洪武中鄉貢、典教溧陽、以薦擢江西僉事、號有風裁。永樂戊子改山西、境多虎患、升爲檄告神。虎即就捕。以憂去、後復改福建僉事、按部至建寧、螟害稼、升仰天祝之。雷雨驟作。螟盡死。宣德

初遷大理少卿。升兩爲會試同考。所舉皆一時名士。年七十致仕。至九十二卒。祀鄉賢

劉真字天錫。山陰人。洪武中鄉薦王教星子望江以古道廸諸生。一時多所樹立。擢司經局校書。尋左遷。久之召爲考功主事。洪熙初。詔選文學老成輔親藩之國。真拜淮府長史。未幾致政還。真持身清慎。始終不渝。爲文典雅。有時名。有劉考功集若干卷。

馮本清。餘姚人。洪武中鄉貢。授監察御史。遇事敢言。不避權貴。永樂癸未。出按蘇松諸郡。振肅風紀。有豪猾武斷爲盜主。本清暴其罪。籍其家。廣東守備王指

揮以失機罪應死、自陳有殺賊功、例當免死、法家以王富避嫌、經歲不决、本清謂、避嫌以殺人、法與情并失之矣、列狀上請、王得減死削階、卒外遷福建按察僉事、分巡漳泉、訟牒填委、决遣期月而盡、漳例納番貨、歲計百萬、民以地無所出、有鬻子女破家産償官者、本清特爲減免、興化民盜穡木事連坐應死者三百人、本清止戮首犯、餘釋不問、建寧大水、民多溺死、本清率屬集公私三百餘艘、爲浮梁、賴以全活者不可數計、改任江西、卒于官、曾孫蘭舉進士、累官江西提學副使、

魏文靖壽
九十八

魏驥字仲房蕭山人父希哲洪武中薦知上高鋤強扶弱德威並著驥生而樸茂永樂三年中乙榜授松江訓導召修永樂大典遷太常博士甲辰從征凡軍國大事悉與聞歷太常少卿正統初進吏部侍郎畿甸蝗奉命往視悉殄之時中官王振怙寵而驕每出公卿無不歛避驥遇之不顧振銜之譖於 上上以問驥驥慷慨曰臣備位六卿臣不足惜如朝廷何上温旨慰之尋以老辭調南京吏部九載入見乞致仕不許進尚書已巳之變條陳討胡之策多見施行景泰初四乞骸骨始得歸時年七十有三矣家居二

十餘年布袍素食不別治生唯率鄉人討修湘湖以
防水患成化七年年九十有八上遣使存問賜以
羊酒粟帛未及拜命而卒先是有大星隕其隣王文
政庭中疾既革忽就枕口占云平生不作欺心事一
點靈光直上行翛然而逝其子完以遺命辭免嘗塋
詔從之賜謚文靖驥爲人端慎簡默清苦自勵頗好
別白君子小人品量之下人輙信以爲然同列後進
有過必面折之不恤怨誹當鄉舉時聞父病不俟撤
棘而回事其兄教諭騏老而彌恭在學校嚴師道與
諸生冠衣相對不問寒暑涖官所至崇正抑邪務持

大體山川壇獲白兔圻內升瑞麥皆却弗奏在南都時法司因旱恤刑有巨惡王綱者呼冤或以其年少欲緩之驥曰此婦人之仁天道不時正謂此耳獄遂決翌日而雨所著有南齋集松江志水利切要理學正義諸書祀鄉賢

什按文靖先世墳墓在錢塘積慶山之原盖自錢塘徙蕭山也故杭郡志亦載之云

章敞字尚文會稽人永樂甲申進士是年初選庶吉士讀書中秘敞與餘姚柴廣敬與焉預修永樂大典四書五經性理大全諸書後居刑曹屢辯冤獄人服其明累遷禮部侍郎兩奉詔往安南諭黎利父子得

使臣之體轉左侍郎每有獻替多所裨益時晉府以

護衛官軍田廬請

英廟命敞理之至則計軍分授餘給與民咸沐其利

又同尚書胡濙考定新舊令式明白簡易吏不敢欺

至今賴之　祀鄉賢

王鈺字孟堅諸暨人幼聰慧日記數千言及長益博

綜經史永樂壬辰進士及第歷官編修修撰宣德中

同修　兩朝實錄書成以疾歸正統初起爲江西督

學僉事少師楊士奇薦之也鈺正身率物大小各有

造就長河洞岷閩其賢亦遣子入學考績至京顯者

倨傲弗爲禮即日引退安居田里以文翰自娱暨入

至今推重之 祀鄉賢

楊誠字信民以字行新昌人永樂庚子鄉試授工科給事中使江西整餙軍伍宿弊盡洗正統癸亥遷廣東左參議雷化高廉諸郡盗起信民用計招捕獲其渠魁餘黨悉平按察使郭智黄翰所行多不法信民連劾去之翰誣詆信民俱逮繫翰竟伏辜已巳秋英廟北狩詔以信民守白羊口而廣東賊黄肖養越獄倡亂省城洶洶廣人乞還信民詔拜信民左僉都御史往撫之比至則廣州已被圍數月信民開城發

廪給木牌縱民出入遣吏賚檄入肖養營撫諭肖養素感畏信民威德即大喜約日投降信民單騎出城賊衆皆倒旗羅拜肖養泣下跪訴信民安坐諭以禍福投降者以千萬計越五日信民復單騎往降者益衆未幾董都督統大軍來賊遂中變景泰元年三月五日有大星隕城外無何信民暴卒廣人奔走號哭舉城縞素事聞遣官諭祭謚恭惠其後董都督以大兵勦賊所過輒屠之廣民仰天大哭益思信民不已相率走京師奏請立祠祀之詔曰可歲時有所祈禱無不響應云 祀鄉賢

徐初字復陽會稽人自幼務精思力踐之學領鄉薦
教授濰學久之徵爲給事中
仁廟改元首疏治道十事皆見嘉納進都給事中宣
德中漢庶人高煦反勸　上親征翼賛有功賜臧獲
四人英國公張輔朝會失儀初劾其跋扈無人臣禮
上雖曲宥輔而心嘉其直擢大理卿持法務平恕
中官阮其守遼東失利按罪當死者三十餘人初奏
誅首惡餘亡濫及工部侍郎羅汝敬廵撫陜西坐事
黜官遇赦吏部輙復其官言官劾以爲黨罪應死初
曰是特失覆奏耳吏部因得釋嘗與寺丞楊復論事

不合被劾下獄太史奏大理星不見　上特復其官星乃見正統初乞歸又十年聞乘輿北狩一時悲憤而卒初生平忠誠孝友内外一致而剛亷節槩尤爲縉紳所推祀鄉賢

周順字養浩會稽人其爲人卓絶敏邁讀書日記數千言永樂初徙巨室丁壯實京師順以兄當行而母老遂慨然上疏請行詔許之已而入太學卒業拜監察御史屢决寃滯明激揚百僚震悚遷山東叅議有聲齊魯間佐遂安伯理戎事于山海關規畫周悉邊境賴之及調江西平大盤劇寇功尤著

英廟改元遷福建左布政使至則建侯官懷安兩縣學開江山浦城道至今稱便

胡智字宗愚會稽人少穎悟兼通藝學與鎦績王誼輩爲友永樂中舉進士拜監察御史益稜稜掌院顧佐深器之謂可屬大事已而出按部多所平反中貴人某怙寵觸法連引齊魯楚蜀數郡智奉詔往訊一鞫得其情擢福建按察副使墨吏望風解綬遷廣西按察使龍州與交阯思郎州連歲交兵爭地智定以公議交人不敢復爭

宣廟特加賞賚進左布政使異政尤多景泰初乞歸

杜門謝俗守令鮮窺其面居地若隘守欲以閑曠地益之辭不受祀鄉賢

王暹字景暘山陰人永樂中進士選庶吉士歷刑部員外郎斷獄詳允以薦擢河南副使調陝西督餉有勞進布政使專理粮儲事不擾而歲用充會丁内艱時以金華例不許終喪未幾召拜右副都御史巳巳之變京師戒嚴暹守正陽門圻外民為虜所蹙聚城下求入時各門巳固守慮虜叵測無敢任其責者暹獨奏開西直門納之活者以萬計既而虜遯去尋命安撫順天河間軍民及安插新舊達官處置得宜鐵

甸賴以無事又跡通水陸清寇盜以利往来守護天
壽山陵相地形築立昌平等城堡統軍勦賊所向克
捷悉奏罷被掠郡縣歲課物料凡事之爲民患者已
而再奉命巡撫河南潼關等地方練軍伍修城隍賑
貧窮通漕運其所經畫皆國家大計尋進右都御史
時河徙漸逼汴城亟命有司募徒役築堤防以捍其
勢河不爲患仍奏免被災郡縣芻糧二十餘萬復以
災異自劾懇乞致仕天順甲申詔進一階及卒賜祭
葬録其子綖爲國子生遲爲人毅敏清介恬於進取
而遇事敢任所著有慎庵集綖字文晃初典教郡縣

終楚府長史博學篤行有雅度鄉稱長者所著有名
宦鄉賢贊傳綜史傳最爲詳確祀鄉賢

甄完字克修新昌人舉進士授刑部主事高廉人叛
逮捕株連無辜完爲詳讞全活甚衆進員外郎出爲
廣西參議廣西故百粤地夷獠雜處多瘴癘戍兵死
者相籍完奏易以土人又建議營田于近地省轉輸
之半時同邑楊信民爲廣東參議兩人名位相埒信
民赫赫有聲完獨以豈弟得民景泰初轉湖廣參政
會廣東盜起湖南大震完督餉弭盜境内賴以安尋
進河南左布政使屬水旱相仍民多流殍完至發倉

賑貸奏蠲夏稅民困稍蘇其任方岳前後二十年皆有惠政及民　朝廷遣大臣按行天下考察獨甄完所治不復考因使少保于謙諭意其受知眷如此居官清儉始終不渝爲諸生時方貧困父嘗受寄鄉人百金父與鄉人俱歿完密召其子還之自布政乞骸骨歸卒于家所著有南遊稿歸田録祀鄉賢

吳中字孟庸山陰人舉進士拜監察御史能持大體以儒術飾憲度性強記一覽不忘院長委以總閱諸道疑獄時

成祖勤政嘗躬録囚公卿在前按簿閱實中默唱囚

名舉成律無一詿誤　上命特記其名　上慮法司論死罪多冤遣大臣覆訊之囚輙紛訴不已若所訊者無詞問之皆曰經吳御史所斷是以絶意其服人如此已而奉勅參靖安侯將兵行邊靖安雅重中日與謀議中爲陳畫邊事以及虜情虛實山川要害曉然如目見靖安資其方畧屢克奏功明年移按蜀先是東川夷人時出標掠爲患中與三司決策設奇大敗之於金沙堤諸夷自是懾服故事御史按部率一歲而更　上特留中按蜀四年及還蜀人猶不忍其去十九年　奉天殿災詔求直言中率同列上疏極

論時政闕失亡所諱忌　上不即加罪固已怒甚會坐他事不先白奏與顧佐楊翥等俱論死中將就刑神色自若猶作詩有慷慨立身當鳳闕從容引領就龍泉之句俄得赦尋復爲御史中久於臺中廷臣擬以僉院而權貴人多不喜遂出爲山西左叅政山西俗素勁悍中務鎮以文雅日進諸生質經義察其學行修潔者待以賔禮或賦詩相賡和於是其俗漸化之晋人比之常衮云車駕北征山東西供饋餉中扶病總理竟以瘁卒中性喜吟詠雖在軍旅倥偬未嘗廢所著有恐庵集西蜀紀行録薇垣集總若干卷從

子駰澤州學正亦能詩有坦齋集
韓陽字伯陽山陰人起家鄉貢司訓蘇松二郡教士有法轉册陽教諭用太常卿姚友直薦拜南京監察御史論奏不避權要嘗劾同官王復及内官袁誠不軌事卒寘于法禮部尚書楊溥薦陽學行可師表一方乃授湖廣督學僉事士類向化如吳中時擢江西按察副使慮囚多所平反以殊績超擢廣東左布政使尋請致仕陽孝友天至母病躬嘗後溲然性剛急少容晚歲家居卒與郡守交惡罷免人以是少之留心著述有思菴稿二十卷

朱純字惟純山陰人與韓陽同鄉舉典教易州易士鄙悍不知學純至善爲誘掖一時多奮起終考得士七人奏課吏部考上上拜刑科給事中奉命檢閱福建帑藏清弊祛蠹吏姦無所容繼以飭軍政使遼陽按視營壘奏益軍士衣糧邊人至今德之終廣西右叅政子宗岳繼其業爲學官所著有如夢集

陳叔剛餘姚人初爲縣從事永樂初舉賢良起爲吏部主事歷郎中性廉潔在官三十餘年居處服御如寒士　上方屬意大用叔剛屢乞休勉從之宣德中再被召不起有啓蒙故事陳吏部集

李貴昌字用光餘姚人永樂初進士知伏羌縣羌故無城多寇貴昌爲計度募民城之後改知江寧是時
上北幸衆務旁午貴昌料理精敏尚書蹇義薦爲吏部主事扈駕至京卒于官孫居義領鄉薦爲劍州學正廉介自持長於古學所著有文則文斷五倫賛矮菴等集

貝秉彝初名恒上虞人舉進士初知邵陽縣以寬大得民丁祖憂去改知東阿至則興學校課農桑訓育之如子縣界常苦潦秉彝爲開渠納諸大清河得沃田數千畝屢辯冤獄人稱之如神明獄有殺人賊未

決而肓察其色甚戚因問其有冤乎對曰囚固無冤第身死即宗祀無繼耳秉彝哀之即令其妻侍疾觧囚桎梏同宿獄中妻遂有娠遇旱蝗輙自引咎災不爲害歲屢登嘗率丁壯從　上北征供饋餉比還東阿無一人失所在官雖小物必思以及民營繕有餘棄廢鐵敗皮朽索工匠閑暇令煮皮爲膠鑄鐵爲杵擣索爲穰悉貯之庫咸不觧所用會　上廵幸北京使督建所次席殿向所貯悉濟急用而民不費大臣薦秉彝可任風憲徵命已下東阿父老相率詣闕乞留詔進一階仍知東阿在縣十有八年卒于官篋無

餘貲寮吏爲治其喪東阿人哀之如失父母白衣冠送者千萬人其政化感人如此　祀鄉賢

求琰字尚圭新昌人性穎敏好學涉獵經史永樂間以貢授九江通判在官滿兩考一以公廉自持時勅造廬山廟出帑金萬餘琰用其半餘悉封還於朝用薦擢貴州思南知府清操愈勵嘗于宅傍植棗一林謂子孫曰吾以木奴千頭貽汝矣入覲卒于京九江祠祀之

張禎遜字友讓會稽人性剛直公於嫉惡讀書嚴義利之辨嘗曰我私淑孟軻氏人稱爲張孟子永樂中

舉賢良方正授福建按察司照磨持己慎密克修其職數與上官辨時政得失言論侃侃不少詭隨上官嫉之不得行其志友讓即有去志時年未七十致仕者例返初服友讓遂欣然就例着角巾歸一時詞林諸名人競爲詩文以高其行

呂童字邦用新昌人永樂中以貢知興化宋范文正嘗令是邑流韻猶存童至務自砥礪旌異節除宿弊百廢具舉豪吏穢墨鄧信交通巨鐺視令丞若僚佐童含忍歲餘一旦盡發其奸奏而磔諸市境内肅然日與民治溝洫修鄉校在任十三年始終若一日部

餉東南竣事還縣以瘁卒吏民號慟朝夕奠如喪考妣與文正並祠名宦童有識鑒一見高文懿公穀於童稚中即以宰輔期之穀終身執弟子禮爲童銘墓述其惠政甚悉見一統志

徐士宗山陰人永樂中知滕縣再令貴溪以惠政得民歲甲午邑大水士宗奏蠲田租三之二又請以租折輸布民田之汚者盡除其租有婦人訟其夫爲讐家所害士宗鞫之無驗俄有蚱蜢飛集几案士宗祝曰爾有冤當集讐人身已而果然因始伏辜境内稱爲神明進廣信通判仍知貴溪縣事在縣幾二十年

既去民祠祀之後百數十年貴溪徐貞明来令山陰猶爲樹坊曰循良世澤蓋貴人之見思如此而士宗孫綬及軒皆以貢起家故稱世澤云

謝瑩字懷玉餘姚人性耿介人有是非不直者輒就瑩請平宣德間從事藩司藩大吏有疑難悉與叅决以資授福建布政司都事廉謹有守會閩賊鄧茂七作亂欲脇從漳州民號於衆曰不從蚤晚且来屠城漳州民畏死欲應之兩司重臣怯愞逗遛不敢進乃以罷卒土兵委瑩徇定漳州且討賊事敗罪在瑩功成則歸之已時賊勢猖獗瑩兵寡不敵惟以忠義感

激人心漳人聞瑩来皆喜曰謝都事良吏也今来吾屬生矣瑩至民擁馬首瑩曰朝廷大兵討賊賊旦暮授首汝輩良民無從賊自取勦滅民皆歡聲如雷人心始安不數日賊果就擒漳州得免於難瑩之力也後以孫遷貴贈少傅武英殿大學士人以爲活人多之報云

司馬恂字恂如山陰人自以宋温國之後思輯其休光在鄉校出入動止皆有常度正統中貢入太學祭酒李時勉延教其子尋中順天鄉試第一拜給事中使朝鮮朝鮮主素知恂名尊禮特異有所餽遺峻郤

之朝鮮至今傳其詩文在職論事能持大體不爲苛察　英廟復辟帥同官極論人臣懷二心者慷慨引義擊刺權姦辭甚切至然敦厚周慎權姦欲中傷無可乘者未幾選爲春宮賛善是時石亨曹吉祥内外相要結朝士多趨附之恂獨簡默自守亡何亨敗附者皆獲罪而恂竟以敘遷進少詹事兼國子祭酒敦禮範衆持其科條諸生無敢自便者尋以病乞歸家居恭儉卑約恂恂如也不愧其名稱云司馬氏自宋來清白相承至恂歷顯仕服習如寒素其文學政事爲一代名臣卒贈禮部侍郎遣官祭葬如禮子垚刑

部員外郎亦篤行能文章恂祀鄉賢

葉冕字拱辰上虞人砥之曾孫正統中進士歷知松江府廉明公恕民畏愛之時歲屢不登冕悉力振救賴以全活者甚衆郡有殿山湖其半屬崑山界湖堤壞彼此莫肯修冕一體視之爲築堤萬餘丈蘇人愧之累遷右副都御史致仕初冕在松江樂其土風既致仕買第秀野橋之西居之歿葬此錢里一子蚤亡松人咸悼惜之見松江府志

呂昌字好隆新昌人舉進士授御史屢言時政得失監收京倉糧剔劉蠹耗民皆便之遷福建按察僉事

事有切於軍民者銳志勇爲大盜竊聚山谷間昌率兵深入反覆開諭皆感服散去遷江西按察副使聽訟明决臨川令嘗被誣昌爲白之間以私餽来謝昌拒之曰汝以我執法爲徇情耶其人愧去中貴葉鎮守横甚其奴白日殺人市中昌捕得論死會淮邸責民子錢甚急昌視其券久入息多者即焚之葉乃譖語激怒王王疏奏昌侵侮宗室事下御史御史素賢昌抗章訟之事乃白再遷陝西按察使值邊備方亟民困供輸昌累疏便宜十餘事　上悉嘉納陝爲漢唐故都其謡俗喜伉壯巨俠司千户貰雄一方怙勢

殺人昌至聲冤者數十百人司懼要當路以書抵昌昌按其事有驗即上狀逮繫斃之獄中於是直聲震中外然邅徊不徙者數年疾且革乃召其子議議至而昌卒篋無遺金僚寀將以公錢賻忽夢議而呼之曰若父爲吏三十年未嘗私一錢乃今欲以遺骨爲利邪議覺而痛泣旦日即奉櫬行所著有耻齋集仲子諶有東皋集祀鄉賢

張居傑字翰英上虞人正統中舉於鄉司訓章丘召拜吏科給事中知無不言皆切時務歷雲南參議江西參政所在有幹濟風譽赫然以最遷山西右布政

使卒見一統志

陳詠字永言餘姚人幼從父戍居庸正統間第進士拜南臺御史敢言不爲身計時 英廟北狩 郕王監國進中興十四事尤指切將臣失事誤國者願甘心以謝天下又抗言亡徙長陵衛卒徙即有變以故得不徙靖遠伯王驥有寵而專詠劾解其兵柄師討鄧茂七之黨勑詠監軍無一卒犯令者寇平降璽書旌之出爲陝西按察僉事母疾嘗糞母死詠亦哀毀死年財三十六囊無一錢同官棺殮之耿清惠九疇歸其喪薦紳道萛者相望王尚書竑祭詠而亡其楮

竑曰可無用也公生平不取一錢死安受此楮爲其信重於名卿大夫如此

潘楷字貴模餘姚人正統初舉明經除仁和訓導擢監察御史坐劾逆竪王振左遷通州學正振敗復召爲御史氣節益厲尋致仕南歸落魄無業即饑寒迫窮濵死未嘗少挫其節從弟英字時彦以進士拜南臺御史與同官范霖楊永劾奏都御史周銓銓自經當路者坐英等以死范楊二御史曰事本霖永無與英英爭曰英實同䟽義不獨生會有訟其事者得減死戍邊而英戍遼陽景泰改元詔復英等官而英已

死世咸惜之

朱縉字廷儀餘姚人正統中舉進士拜南臺御史以剛直見推閱禁兵悉識其材鄙勇怯賞罰明信士卒屬心出爲常德守至則求其利害廢置所宜日月辨治之張弛稱便在郡六年政平罰清卒于官百姓祠祀之

馮謙字履吉諸暨人正統中舉人歷教新安陽信遷知沛縣沛當衝津民力罷於迎送謙力爲裁節邑有戚畹莊梨木廠爲民大厲皆奏罷之又浚昭陽湖建飛雲橋民賴其庇子珏以文學稱歷官員外郎

徐琦字廷振諸暨人正統中舉人初授崖州知州崖民多黎戴竹笠于垂髻来見琦委曲喻以服用當從中國爲易方巾直領之制簡率俊秀使趨於學教以昏禮俗爲之變在崖九年改道州知州政復報最居七年致政琦四歲而孤十五補弟子員遊宦幾二十年歸老好禮敦義人稱長者云祀鄉賢

張倬字士昭山陰人正統間鄉舉分教崑山時年尚少爲師儒益嚴禮範事之有裨風化者必毅然主行之擢知閩縣縣當寇亂餘倬起頽葺廢政漸以舉憂勤致疾卒于官邑民莫哭者相屬不絶倬自少穎悟

篤學爲文法秦漢詩備諸家體裁所著有毅齋集二十卷筆録十卷

俞欽字振恭新昌人聰明異常讀書一目數行景泰初第進士選庶吉士改禮部主事歷郎中癸未春闈災左遷松江府同知持已廉慎而政尚慈祥民甚德之及召還行李蕭然改兵部郎中會川貴山都長偕九姓土獠作亂　上命本兵督師而以欽佐之既至主帥以下咸謂宜招撫爲苟延計欽獨持不可主帥從之遂進兵連拔二十餘寨斬獲六十餘人捷聞遷太常少卿奏革道流之冗濫者若干人凡建白多見

嘉納進禮部侍郎供職惟謹虜寇大同以才望改兵部左侍郎與二三大僚殫心擘畫邊境以安尋病卒上念其勞賜祭塟錄其子欽居官三十年歷事三朝始終一節雖所施未竟不愧大臣云祀鄉賢

章瑄字用輝會稽人景泰中進士授職方主事出守山海關時中貴魏榮領神鎗縱所部京校假月試習侵關事後府舍人王延倚藉宮掖得管押戍卒往往迫淫其婦攫其橐且盡瑄並奏悉寘諸法御馬都監指揮脫脫亦有寵於英廟命使朝鮮而無關符瑄持之不奉詔脫馳奏上震怒械繫闕下言官論救

乃釋尋遷車駕郎中進遼東行太僕寺少卿諸番貢馬入境多爲閫帥所擅瑄請歲遣官閱所貢馬於各邉自是歲得良馬無算於邉徼建學以教列校子弟遼士始知禮義尋乞歸所著有竹莊集四十卷祀鄉賢

胡謐字廷慎會稽人景泰間鄉試第一登進士歷山西提學僉事第士等如別黒白士類頓興毀諸淫祠增祀陶唐羲氏和氏以下十餘人遷副使風采益振郡民李鐸聚衆爲亂討擒之調河南建大梁書院祀濂溪以下十人尋擢廣東叅政而卒謐爲人穎敏嗜學動必師古歷官三十年室如縣罄怡然自若人稱

爲真儒其子惪亦舉進士登仕十五年兩丁父母憂哀毀踰制終刑部主事孝友廉介克世其家謚祀鄉賢

唐彬字質夫山陰人初從會稽章瑄學嘗令作經義瑄以其不加意作色令改重進復拒如是者三至見擲地而容色自若瑄乃曰是子可教矣徐取稿點綴數字曰子文已佳未幾彬中式與瑄聯榜會試復然及拜御史南歸瑄以喪未受官彬執禮如布衣時而稠人廣坐中有所顧語輒揜口應對時以爲師弟子之禮庶幾復見古人在官持法明審數考稱職時總兵石亨連衡內豎曹吉祥權倖人主編修岳正御史

楊瑄等露章彈劾悉寘于邊亭由此滋横隂蓄異志彬復率同列抗疏論之　上心善其言而慮亭猝爲變姑調諸御史於外未幾亭敗復彬官巡察關陝所至風望凛然癸未禮闈災彬爲監試坐調新喻縣成化初復召爲御史尋出爲廣東按察副使會兩廣賊起　上命兩都御史討之民多脅從於賊賊已去民懼誅不降彬持節往諭以恩信民涕泣相率歸附攺山東副使齊地饑人相食撫臣請賑未報彬爲捐俸倡同列及王府得粟千斛爲粥以食餓者所全活甚衆明年拜福建按察使再遷貴州左布政使未赴而

卒家無餘貲唯書十數篋而已

張嵓字廷瞻上虞人景泰中官監察御史出守鎮江性剛果綽有幹局先是郡黌譏爲戎司所據昏曉失度嵓奏隸有司郡學在城南隅隘陋不稱奏請遷學詔可後學成人文蔚興至今懷其德不置天順間再知荆郡育民造士一如鎮江時兩郡志並載之

沈性字士彛會稽人年十二即觧爲文嘗夜讀書稍睡輒警作逐睡魔文一時師友咸奇之景泰初登進士授御史廉慎端嚴爲左都御史蕭維禎所器重已巳之變虜勢方張詔徃閱戎器謹守望性到邊徧走

墩堡志險易　景皇大漸　英廟在南内廷臣議迎洶洶未定性與林鶚等贊決之夜漏下三鼓武臣排闥導駕出性趣鶚與周必兆翼維禎突仗前進名卿戴以定大計俄而論功爲徐有貞所蔽出知寧國郡至則訊民疾苦拊循備至又以其餘孜孜學校一時士奮起軼他郡未幾以外艱歸卒于家孫橋字宗周嘉靖中進士歷順慶守終湖廣按察使所至皆有聲績而清白自持不愧乃祖云性祀鄉賢

曹謙字廷遜會稽人景泰初領鄉薦授潮州同知更徙韶州所至以廉幹稱遷高州郡守徭獞出沒摽掠

民不聊生謙綏禦合宜群吏戢服至有迎拜道左乞田輸稅以自齒於編氓者高人至今祠祀之祀鄉賢

王樞字克順嵊人景泰中以貢授寧國推剖決明敏獄無寃滯丁氏婦鄭少寡其叔挑之鄭欲聞于官叔懼誘母訟以不孝守將刑之樞廉得其情爭於守曰公不惜一婦人獨不惜寧國郡三年不雨乎守悟鄭獲免樞未幾以疾卒囊無餘金民爭出錢爲賻其子某謂不可以喪故汙吾父盡却之太守聞而嗟異各捐俸以助始獲歸塟

王淵字志默山陰人天順中爲南京吏科給事中

憲皇初嗣位時内臣用事勢張甚在朝無敢公言者淵與給事中王徽以氣節相尚率同官陳五事其一曰保全内臣宜遵舊制亡令預國政否則如王振曹吉祥事敗雖欲全之亡繇也近有無耻大臣與之結交或屈膝叩頭或稱翁父因而鬻獄賣官擅作福威令後亡令内臣管軍管匠置立田產多蓄義子仍嚴交結之禁凡大小政事悉斷自宸衷惟與舘閣大臣計議則朝政清明而宦竪亦享其福保全之道何以加此　上嘉納之其年十月復立皇后王氏明正牛玉之罪免其死安置南京淵及徽等復以玉罪重罰

輕數王大罪四乞正典刑因詆斥執政奏入逮下獄科道交章論救命俱謫遠方判官淵得茂州徽晉安州二人直聲震中外而李文達名爲少損淵歷遷順天治中歸老於家貞介温惠鄉人稱爲長者 見實錄

丁川字大容新昌人天順中進士成化中爲御史才名籍甚屢陳時政闕失魏昌侯孫繼宗以外戚父子交掌禁兵川疏請裁抑其權又劾尚書馬昂都御史楊璿怠事不法時萬貴妃寵冠後宮干預朝政川上疏論諫奪俸三月辛卯 太皇太后崩因陵廟事遺旨切責言者川疏曰諸臣之請天下公論也聖母之

命一時私恩也惟　皇上毋以私廢公言甚切直事竟寢尋擢順天府丞值旱蝗疏荒政十五事多見采納遷僉都御史巡撫延綏至則上備胡三策開中淮浙積鹽選將帥置弓弩練士卒創屯堡蓋隱然鎖鑰重寄云未幾卒于官川平生清苦卒之日槖無羸金士論益賢之　祀鄉賢

薛綱字之綱山陰人以進士拜御史巡按陝西其所建明皆邉防大計已督學南畿學政振舉擢湖廣副使督學如初歷廣東按察使雲南布政皆善其職以老乞歸尋卒于家綱簡直夷坦不矯激而能持正爲

文醇雅有深沉之思所著三湘集榕陰蛙吹等篇藝林多稱之祀鄉賢

陳壯字直夫山陰人初從父戍燕清苦力學慷慨有大節天順間成進士拜南京監察御史號有風裁時官留都者莊杲劉大夏倪岳羅倫輩皆海內名流壯與定交日以行義相淬厲尋改江西僉事以憲度督察官吏雖素所愛厚亡所假未幾抗疏乞歸李少師東陽重其去有莫與越人謀出處直夫先謝外臺歸之句歸十餘年用薦起官福建辭弗許尋擢河南副使甫涖官又懇疏乞休既得請杜門讀書絕請託事

有不平者輒爲直于所司或歸德焉辭不居輿至携賔朋陟泛觴咏陶如也壯直道事人志未竟而退退而爲鄉之典刑者二十年有所著集若干卷藏于家祀鄉賢

蕭昱字用光山陰人性至孝母喪明昱日以舌舐之復有見天順壬午魁鄉試授貴溪令以簡易慈愛爲政民甚德之尋丁母憂復補高密初民困于征輸皆相率亡去昱至緩征發賑流徙漸歸密地當沙河下湮漫流敗稼昱治塘浚瀟取南人水耕法教民濵海爲田立均徭九等例撫按取其式頒之通省政暇親

課諸生朔望集耆老于庭導民孝弟卒于官民傾邑哭送有及淮而迓者兩邑皆祠祀之子鳴鳳自有傳

謝遷字于喬餘姚人成化乙未進士第一人授修撰簡侍東宮弘治初陞庶子充日講官　上在諒闇內侍郎鏞請選妃嬪遷疏言　先帝三年之喪未終豈宜遽有此舉詔已之尋陞少詹事兼侍讀學士以憂歸服除起爲詹事無何簡入內閣加少傅兼太子太傅禮部尚書武英殿大學士虜犯大同兵部尚書馬文昇以國用不足請加南方折銀舊額遷執不可曰南方稅粮甚重宣德正統間因民不堪命故立折銀

法以寬之令更加則反重於本色民益病矣且足國
唯在節用苟用之不節加賦何益不謂文昇而有此
奏乎事竟寢四方解户赴内府輸納者每苦需勒遷
乘間言之　上令撰旨禁約遷曰虚言設禁無益也
須令曹司搜剔弊端明白開奏而後嚴立禁條有犯
必誅庶幾民困少甦　上悦即如其言行之由是諸
司宿弊盡革時同在内閣者劉健敢於任事而資遷
之謀斷李東陽長於爲文而資遷之典則遷於其間
不激不阿彌成盛治一時號稱賢相遷嘗欲引吳寬
與共事而同列難之因乞避位薦吳寬王鏊自代中

外服其恬讓

泰陵大漸入受顧命正德初奄瑾專政尚書韓文率百官伏闕論之遷等主張于內將寘瑾於法事泄不免遷遂乞致仕去瑾怒不已指爲奸黨榜示天下咸謂禍且不測遷每以劉元城爲喻處之泰然

世廟登極遣使存問遷上疏謝因陳學古訓監成憲二事六年十月復召入內閣既至壓于同列不得展其志明年四月乞歸十一年卒年八十有三贈太傅謚文正祀鄉賢

張嵿字時峻蕭山人成化中以進士知上饒奏課吏

部考第一遷南工部主事而性鯁介不畏彊禦故事有内降至南都主事手録之以呈守備太監嵿不顧尚書趣之嵿曰主事非書手何録爲竟亦無他歷刑部郎中時隆平侯張祐無嗣子姪爭襲賄逆瑾致屬嵿持正不阿出知興化瑾又屬以他事亦拒不許瑾乃矯旨罷歸瑾誅起知南雄南雄當廣貨出入之區前守多以汚敗嵿一無所滓名大起歷江西布政使時宸濠潛蓄異謀懼嵿掣其肘爲之賂改南光禄卿轉副都御史巡撫保定值

武廟北巡與權幸錢寧江彬輩相抗志不行即引疾

歸寧彬誅復以薦起鎮守兩廣擒巨寇黃鏐等有功尋入掌南院改南工部尚書以老致仕年七十四而卒上饒南雄並祠祀之祀鄉賢

何鑑字世光新昌人成化中進士知宜興有聲擢御史疏論度僧道之非事遂寢查覈邊計將吏肅然出知河南府有詔取嵩盧鑛洞鑑執奏止之歲大侵人相食多方賑濟所全活甚衆歷右副都御史巡撫南直隸理浙西稅粮濬吳淞白茅等港所至利興弊革改刑部侍郎奉命安撫河南湖陝三省流民進南兵部尚書召爲刑部尚書再改兵部賜蟒玉時巨寇劉

六劉七等倡亂刼掠府庫逼近畿甸鑑處分守禦悉
中機宜賊以次盪平加太子太保柱國光禄大夫官
其子世錦衣百戸當是時宸濠久蓄逆謀求復護衛
鑑五覆奏堅持不許尋乞休歸後濠反人服其先見
鑑寛厚簡重而涇渭洞然歷中外幾五十年矢心
經濟不爲家謀居憂時凡鄉邑利病力贊有司興革
之如築長堤請度田減軍需革冗員改京運除徭役
減畝里請賑濟併倉厫修通衢之類皆其力也鄉人
感德建祠歲時俎豆之至今不廢所著有五山奏疏
五山吟稿藏于家祀鄉賢

韓邦問字大經會稽人父禴耿介有學長于詩有衡軒集官襄府長史邦問因舉湖廣鄉試成化中登進士爲廷評慮囚四川多所平反出知淮安府節冗費辯滯獄又集漕卒禁私鹺其所設施不爲苛察而人畏服久之以都御史巡撫江西時中官駐饒燒供御磁器邦問力言小民凋敝狀　上感動輙止之後以刑部尚書致仕卒于家邦問雅性坦直不妄笑言其居雖逼城市而出入甚罕至士大夫以國典民隱造質輙嚮荅忘倦蓋身雖退而不忘經濟如此里人至今想其風釆卒謚莊僖祀鄉賢

王鑑之字明仲山陰人成化中進士知元氏縣以廉幹稱擢御史督南畿學政寬嚴相濟有藻鑑士咸畏而愛之入爲大理丞進都御史終刑部尚書時逆瑾擅權恣虐士大夫爭卑詔以求自免六卿進見有長跽者鑑之獨與抗禮尋謝病歸詔進階一品鑑之平生清介自縣令歷官上卿僅能立門戸懸車里中有司有所嚴憚對家人語亦以國法相教戒有古大臣之風　祀鄉賢

忭按武廟實録謂鑑之厚於瑾故致仕歸猶得渥典又以其繼子一和犯罪事爲鑑之病此皆不然若厚於瑾必不歸其子不肖雖堯舜不免又何病鑑之耶盖秉筆者似有所枝要非公論云

作法於奢爲害甚大

洪鍾字宣之本上虞人少從父贅錢唐遂家焉成化中舉進士初官刑部歷四川按察使莅獄明敏行無留繫馬湖安氏阻兵怙亂鍾用計除之累遷右副都御史巡撫順天建議增築邊墻自山海抵居庸延亘千餘里已而督漕兩淮晋右都御史掌南院事尋進刑部尚書加太子少保湖南盜起奉命總川陝湖河四省軍務既至悉勦平之加太子太保未幾引年歸卒謚襄惠鍾狀貌魁傑目光秀朗論議英發籌算無遺卒能以戰伐成功名苐家居盛營臺館作法於奢子孫效尤滋甚不再傳而陵夷盡矣　杭州祀鄉賢

王華字德輝餘姚人成化辛丑進士第一人歷官翰林終南京吏部尚書弘治中内侍李廣有寵華爲日講官嘗講大學衍義至唐李輔國結張后表裏用事誦説朗朗無少避忌左右皆縮頸吐舌　上樂聞之不厭講已遣中官賜尚食正德初逆瑾專政士大夫爭走其門華時爲禮部侍郎獨不往華子守仁論瑾瑾益怒出之南京尋傳旨令致仕其大節不渝如此祀鄉賢見實録

黄珣字廷璽餘姚人成化辛卯鄉試第一辛丑廷試第二歷官翰林國子監終南吏部尚書時逆瑾方任

情進退大臣遂傳旨令致仕卒于家嘉靖十年禮部
題珣歷事　三朝有清謹名宜賜謚乃追謚文僖珣
平易厚重不務畛畦爲文如其爲人云祀鄉賢見實録
陳雍字希冉餘姚人成化中進士授工部主事歷南
工部尚書被論乞休　上憐其枉詔給驛還仍賜歲
夫月米家居十餘年年九十所司以例請　詔賜羊
酒存問雍厚重簡默敭歷中外四十年卒以恩禮終
盖遭遇不偶云祀鄉賢見實録
陳鎬字宗之其先會稽人占籍南京欽天監成化丙
午舉應天鄉試第一登進士授禮部主事歷山東提

學副使湖廣右布政使進右副都御史巡撫湖廣明
年以病乞歸命未下而卒鎬明敏有吏幹董學時較
閱精當得士心巡撫時平漢沔之盜民賴以安鎬與
弟欽同科進士而皆有才名欽亦爲廣東提學副使
見實録

呂獻字丕文新昌人成化中進士歷刑科都給事中
弘治初寵豎李廣受富兒金將尚公主獻發其事劾
罷之又因災異陳八事如策大臣抑親貴皆人所不
敢言者壽寧侯張鶴齡兄弟依藉宮掖熏灼一時獻
又反覆極論之　上怒杖闕下繫詔獄尋直其言釋

之歷順天府丞時逆瑾用事朝臣遷轉大半以賂乃十年不調丁内艱服闋歷進南兵部侍郎會有言者遂乞歸獻長于詩文善草書所著有甲軒稿使交稿祀鄉賢

張以弘字裕夫山陰人性寛簡凝厚成化中以進士起家拜吏科給事中凡所建白識大體出爲江西叅議尋致政歸居鄉恂恂無賢愚皆謂長者子景琦孫元冲曾孫一坤四世繼登進士景琦初官主事忤宦豎謫倅大名終桂林知府清約自甘饔飧每至不給元冲以給諫歷副都御史巡撫江西爲人簡厚有祖

父風 以弘景琦祀鄉賢

俞振才字仲才新昌人弟振英字仲英成化中相繼登進士振才初授行人拜御史凡朝政闕失必抗章論列不避權要巡按貴州四川風裁愈勵宋學士景濂洪武時謫蜀卒于夔州尚在淺土振才爲收葬成都遷湖廣按察副使先是臬司有淫祠惑人胥吏以下莫敢近振才至立命撤之群疑遂解兩按藩王獄能執法不撓家居務清約孝親睦族急人患難不以存亡二心好讀書吟咏所著有皇華内外臺集湖南湖湘詩文稿新齋集若干卷 振英初知安東一日

得淮流浮尸衣夾揚州市繒目振英曰是必有冤遂遣數人分入群盗中市繒默察其色記相符者貴買之一人得數縑歸與目無二索其舟果得餘縑并所掠少女衣物女言亡官眷屬被害已十口矣獲盗二十餘衆皆伏辜人稱神明移官臨淮再補豐城貴溪所至刑清訟簡民德其惠歷陜西兵備僉事以斬虜功擢尚寶司卿逆瑾擅權文武大吏多出其門振英至京或謂曰魯謁劉司禮乎書刺必謙抑振英再三詰故乃以刺示振英振英不答出曰吾老矣不能俛首奄豎遂棄官歸天下高之家居儉薄鄉人無異議

馬並祀鄉賢

陸淵之字克深上虞人成化中進士授禮部主事尚書陳文卒謚莊敏不協輿論乃引司馬光論夏竦事劾之時多其直久之出知敘州府歲大侵發粟數萬斛以賑郡多淫祠悉毀之以祀前代之賢者諭民當孝享其先不宜崇惑糜費暇則進諸生講明理道興起者甚衆寬徭省訟四境大治郎白羅夷民亦帖然向化敘人至今俎豆之後參政河南進右布政使卒于官同寅檢其篋笥僅餘俸金貳斛淵之篤行好學詩文有古意書善行草居喪不出戶限家無宿儲或

干以非義堅拒不納部使者移檄爲建坊亦固辭之
其狷介如此祀鄉賢
司馬亞字通伯山陰人父軫由學官歷國子助教學
術宦業皆有聲亞幼敏膺傳極文典性通朗夷亮成
化中以御史視學南畿校文日閱千卷評品次第如
衡鑑不爽南人士至今稱之擢福建副使尋致仕歸
歸郎杜門謝事闢園亭以自娛嘗榜其門曰獨呼明
月長陪醉不負青天早放閑其襟懷曠達如此尤工
詞翰所著有蘭亭集見通志
劉忠器學世用新昌人成化初進士出知永安改崇

仁擢南臺御史終太平守爲人清苦自勵不可干以私郡有豪官專持守令陰短以行其私忠器待以禮稍有請託輒拒之其人卒亦不能螫也居鄉出入徒步自登科至貴顯匹馬隻夫不以煩有司或以爲舊例當得忠器曰吾無一毫及鄉里敢勞費之邪居常惟以一園蔬韮自給卒于官橐無餘金子孫窮乏不能自振然忠器名益彰云

董復字德初會稽人成化中進士知黟縣爲民寬徭賦捍水患卹孤乏抑兼并奏最徵拜御史

孝皇登極首疏斥貴倖數十人直聲大震然以是爲

用事者所摧出知雲南府其治一如縣縣時民夷德之復性坦直無他腸居官務盡職無顧避是以所至輒奮晩歸衣無紈綺屋數楹僅蔽風雨足跡罕到城市家居孝友日惟課諸子讀書故其子玘卒能振其業玘當

武宗朝在翰林忤閹瑾出爲縣及遷復苦以刑曹瑾誅還舊職其後轉徙多在翰林春坊中至吏部左侍郎而罷爲文雅壯得西漢作者之髓居鄉嚴重寡交郎大吏造廬罕覯其面生而穎絶以神童稱年十九會試第一人廷試復第二卒後二十年追贈禮部尚

書謚文簡有文簡集行於世並祀鄉賢

章忱字景恂會稽人成化間進士初令臨城累遷曲靖守所至有惠政民並肖像祀之忱天性孝友淡於榮利家居二十餘年城府罕入其自述有曰敢謂身從顏氏樂直將心比伯夷清所著有臨城集克齋稿

忱父珙有孝行鄉人稱之

祝瀚字惟容山陰人成化中進士歷刑部郎中風采才望爲時所推擢南昌知府南昌郡當會省號繁劇難治瀚蕆明有威聽決無滯時逆濠勢漸熾戕民黷貨瀚屢裁抑之郡人賴以稍安王府有鶴帶牌者縱

于道民家犬噬之濠牒府欲抵罪傾奪其貲瀚批牒曰鶴雖帶牌犬不識字禽獸相爭何預人事濠卒不能逞竟以中傷謝事歸

祁司員字宗規山陰人父福以貢歷重慶教授持已教人皆有法司員登成化進士初令唐山拜御史歷知徽池二郡司員爲御史按治所及務以法懲奸貪其在廣西條上邊策十數事切中肯綮其治一縣兩大郡不以法而以恩爲民定禮制息嚚訟節冗緩征愛之如子卒于池民爲罷市立祠祀焉司員性孝友親喪廬墓三年伯兄有孤子撫而教之爲之納婦居

官不苟取田廬無所增拓所著有先憂集仕優稿及
奏議若干卷
周山字靜之嵊人成化庚子舉人孝養祖母扶侍不
離學訓林元立死無子不能歸扶櫬送還其鄉初知
德州丁父憂改保德州設社學勸農桑賑災恤患以
疾卒于官民哭之如喪厥考共祠祀之所著有太極
圖解安齋集祀鄉賢
陶諧字世和會稽人弘治中以鄉試第一人登進士
用選入中秘已而改給事中
武宗時諸奸擅政事多内降諧駁抗疏請無所避逆

瑾專恣尤甚權倖人主諧奏斥之瑾怒目伺諧無所得乃羅他事矯詔杖諧與劉大夏潘藩同戍肅州瑾誅放還嘉靖改元詔采耆舊乃復起歷官兵部侍郎總督兩廣會夷變諧盡心撫勦兩廣以平尋入本兵乞歸卒于家贈兵部尚書謚莊敏諧四世祖曰仕成者當正統間以富民供大璫阮某其後阮禽卒被命入意不測客召成以私積六千金托之成持歸投井中居數年阮竟死成出井中金走白守吳某守曰金無知者爾物也盍取諸成固謝會饑悉散以賑鄉人以是稱陶長者後數十年卒有莊敏而陶氏簪纓相

繼人以爲皆成所種云祀鄉賢

何詔字廷綸山陰人子鰲字巨卿弘正間繼登進士詔初官南工部歷郡守藩憲終南工部尚書其在南工能務節省初至時帑金不滿三千既五年乃踰二十萬鰲初官刑部旅諫

武宗南巡嘉靖初議禮忤旨被廷杖歷藩臬巡撫終刑部尚書父子相繼並以勤慎服官謙厚接物故所至克舉其職而與時無忤卒能以功名終始其卒也並贈太子少保居鄉黨尤恂恂咸稱爲長者云並祀鄉賢

葛浩字天宏上虞人弘治中進士初令五河五年拜

南臺御史論劉瑾下獄黜爲民瑾誅復起爲邵武守六年進參政歷大理卿浩耿介廉靖所至郡縣咸有去後思參政廣東時平新寧之寇不妄殺一人在大理能持法以信廷中稱平家居杜門讀書內行修謹足爲鄉範年九十二卒贈刑部右侍郎子木字仁甫正德中進士歷刑部出知淮安淮號衝疲難治木唯鎮以簡靜而加意撫字節冗弛禁富者不苦於役貧者得負塩以自活又毀淫祠爲書院進諸生日月課之淮民及士戴之如慈父焉遷山東副使山西參政卒于官喪還過淮老幼相携哭奠皆盡哀木爲人孝

友清約能世其家嘗夜渡錢塘風濤忽作水安坐賦
詩云心與神明合風濤夜不驚可以見其平生矣並祀
鄉賢
胡東皐字汝登餘姚人弘治乙丑與湛文簡若水同
舉進士慨然以道義相砥礪初授行人歷南刑部郎
中先後讞大獄數十靡不稱平巳而出守寧國夙夜
孜孜察民所疾苦而亟拯之在任六年遷四川副使
巳又改茂威兵備平西番耿勺之亂進按察使尋進
都御史巡撫寧夏奏築花馬池賀蘭山邊墻三百餘
里西北至今賴之聞弟喪乞歸再起撫治鄖陽未幾

召還内臺以抗直忤執政會　太廟災上疏自劾去
東臯歷仕與處苟利於人必身任之守官餘三十年
田不滿頃孫文恪陞嘗語人曰吾姚仕宦而清貧如
寒畯者三人胡中丞東臯宋中丞冕胡大僕鐸時號
爲姚江三廉云　祀鄉賢

宋冕字孔瞻餘姚人弘治中進士初官刑部以執法
忤逆瑾矯旨謫知金谿瑾誅復召爲禮部主事歷
外藩終撫治鄖陽都御史冕沉毅有識外和而中介
所至賑災理冤屢平巨寇居官三十年被服如寒士
鄉評重之孫岳舉進士官至按察使　祀鄉賢

胡鐸字時振餘姚人弘治中進士選吉士改給事中忤逆瑾出爲河東運副皭然不染瑾敗累遷福建督學副使其教士一以理學爲先而尤邃于易所著易說至與蔡虛齋氏並稱歷太僕寺鄉而卒平生坦易無城府然自守甚介不可干以私身殁未幾子孫至不能舉火姚人稱爲真道學云祀鄉賢

張景明字廷光山陰人弘治中進士以經術選充興府長史事

獻帝於藩邸忠慎不渝嘗敷陳六事

帝悦命揭諸宫門

世宗入嗣大統以輔導功召赴京將大用之會病卒

贈太子太保禮部尚書文淵閣大學士謚恭僖録其子元藩元恕弟景暘亦以進士爲御史當武宗駕留宣大首率諸御史疏請回鑾忤旨廷杖又劾江彬許泰冐封伯爵非制人多其直後出知潮州府尋罷歸景明祀鄉賢

徐守誠字成之餘姚人少刻苦自樹潛心理學弘治中登進士授南兵部主事嚴於稽覈戎伍以清尋執父喪廬於墓有馴虎甘露之異鄉人名其山曰慈山服除補刑部日與四方名士相討論學益進嘗陳時政十餘事多見采納出爲湖廣僉事理究糾墨不避

權勢遷山東參議以疾歸踰年而卒守誠孝友廉介非其義一介不取歷官二十年室廬僅蔽風雨有慈山雜著數十條爲學者所誦祀鄉賢

吳蕣字子華山陰人弘治中進士選庶吉士拜吏科給事中剛直敢言每彈刺大臣及諸貴倖不法事無所顧避中外憚之嘗以事劾天官鄉天官鄉竟中傷之免官歸環堵蕭然杜門不出祀鄉賢

陶懌字習之會稽人幼穎悟日記數千言弘治初登進士授刑部主事讞獄公恕然不爲勢撓戚里有殺人者同列並寬之懌竟正其罪累遷福建僉事逆瑾

邀賂懌嘆曰不義富貴於我浮雲遂以廣東叅議致
政歸所著有克齋稿　祀鄉賢

費愚字希明山陰人弘治中進士初爲廷評執法無
所撓時有邊將數人坐失機當刑賂權貴將釋之愚
廷奏其罪不當宥悉置諸法後出知成都廉靖不擾
而務以法繩奸頑竟忤當路謫戍尋放還平生甘清
苦麤石不儲妻子或凍餓不以爲意成都有門人官
於浙知其貧甚固請過省中宴欵累日乃微以交關
事諷之愚正色曰爾乃視我爲何如人即日拂衣歸
遂與絶交郡守延爲鄉大賓讀法請教愚曰公刑太

苛歛太急守爲面赤其介直類如此子思義精於醫亦端慤有父風而卒無嗣人以爲天道無憑云祀鄉賢

牧相字時庸餘姚人少受業於王尚書華華器異之妻以女弟令與文成公同學弘治巳未遂與文成同舉進士授南兵科給事中時逆瑾擅權流毒朝野相偕給事中戴銑疏其不法數十事忤旨械繫赴京廷杖九十絕而復甦下錦衣獄時文成爲刑部主事上疏申救并得罪繫獄三月相褫職爲民文成謫龍場相歸而孝養其母課子授徒聞民間有利病事則走白有司行罷之非是杜門不出也瑾誅詔復其官尋

遷廣西叅議除書至而相已卒二日矣年四十有六
祀鄉賢
魏有本字伯深餘姚人起家寒素登正德辛巳進士
官御史首劾武定侯郭勛貪恣宜奪其兵柄都督馬
永大將材可代勛
世廟怒謫外任吏部尚書廖紀疏留有本且言馬永
有勇畧名重夷虜御史言是會臺省亦交章留之
詔復御史尋按蘇松四郡有風裁累遷僉都御史撫
河南值歲大侵屢疏蠲賑民頼以安最後以右都御
史總漕運引疾歸有本爲人悃愊寡言笑至談當世

務亹亹多切中卒贈南工尚書祀鄉賢

車純字秉文上虞人正德中進士授工部主事嘉靖初議大禮忤旨廷杖久之擢山西叅議累遷福建布政使操持愈勵閩中有車布不車金之謡進右副都御史巡撫湖廣務以安靜節省爲政民甚德之已而三疏乞歸瀕行士民遮道留車不得前純歷官四紀清介如一日歸田二十年布衣蔬食不異寒士未嘗以一刺謁公府客至岸幘延款劇談天下事亹亹不厭爲一時表儀云卒年八十有九祀鄉賢

陳克宅字卽卿餘姚人正德甲戌進士初爲嘉定令

吳中賦重豪右率詭灑爲奸克宅履畝清丈宿弊頓革治行爲吳中第一召拜御史首劾巨閹劉允取佛烏思藏挾邪蠱亂罪當斬又劾武定侯郭勛大不敬直聲震中外歷按貴州河南風猷益著計資當内轉冢宰持私憾出爲四川兵備副使鷟番爲梗勒兵盡殲之諸番自是無敢犯者歷湖廣左布政使時楚中臶罹水旱重以大工採辦諸役繁興克宅蚤作夜思劑量裁節民賴以甦尋遷副都御史撫貴州囤賊阿向負險逆命久不能克克宅至乘雪夜令死士攀崖上以索梯度軍一鼓克之捷聞加俸賜金綺改應天

巡撫方去任餘𦒿復叛言者以罪克宅遂罷歸歸四年而卒已而事白詔復職賜祭塟録其子克宅敭歷四方多偉績乃其猷翰在嘉定嘉定人至今頌之祀鄉賢

汪應軫字子宿山陰人登進士選庶吉士當武宗南巡同舒芬等抗疏以諫跽門廷杖幾死出守泗州泗民惰弗知農桑軫至首勸之耕出帑金買桑于湖而植之募桑婦若干人教之蠶事郵卒馳報武宗駕且至他邑徬徨勾攝爲具民至塞户逃匿軫獨凝然弗動或詢其故軫曰吾與士民素相信即駕

果至費旦夕可貸而集今駕未有期而倉卒措辦
科派四出吏胥易爲奸儻費集而駕不果至則柰何
他邑用執炬夫役以千計伺候彌月有凍餓而死者
軫命縛炬榆柳間以一夫統十炬比駕夜歷境炬伍
整飭反過他所時中使絡繹道路恣索無厭軫計中
人陰懦可懾以威乃率壯士百人列舟次呼諾之聲
震遠近中使錯愕不知所爲軫麾從人速牽舟行頃
刻百里遂出泗境
武宗至南都諭令泗州進美人善歌吹者數十人蓋
中使銜軫而以是難之也軫奏泗州婦女荒陋且近

多流亡無以應勅旨臣向募桑婦若干人儻蒙納之
宫中俾授蠶事實于王化有裨詔且停止
肅皇帝登極召還給事中去泗之日父老送者無不泣下在諫垣凡上三十餘疏悉關切體要其最大者如言新建伯王守仁心跡甚明不當以謗掩功沮將來忠義之氣刑部尚書林俊當納其言不當聽其去
孝惠太后發引不當由中門　興獻帝尊崇不當過禮並侃侃爲中外所誦然竟拂當路意出爲江西僉事又以執法忤巡撫棄官歸已而薦者交薦復起督學江西其教條一本躬行士皆信嚮尋丁外艱歸

遂絶意不復出矣家居孝友廉介與人交坦然無城府瓶無宿儲乃親黨有貧難必倡義周之凡鄉邦利病必盡言以告有司未嘗干以私晚歲陶情於酒人謂其外常醉而内常醒蓋靖節之流與故其卒也鄉人倣靖節例私謚爲清獻先生云祀鄉賢

蕭鳴鳳字子雝山陰人童時即竒穎占對賦詩出語驚人弱冠鄉試第一尋舉進士授御史屢疏劾總兵江彬申救胡副使世寧皆人所不敢言出廵山海諸關邊吏悚慴有傳

武宗將行邊捕虎乃抗疏言陛下不當賤民命而貴

異物玩細娛而忘遠圖因及總鎭以下遞相揞尅之狀留中不報先是權貴人多冒奪士卒首功前御史盡爲紀驗鳴鳳悉奏革之權貴人雖切齒顧無隙可乘尋乞歸省踰年起督學南畿至則飭科條絶請託其校士必以行檢爲高下不徒以文士亦凜凜不敢犯南中有陳泰山蕭北斗之謡陳謂先提學陳公選也遷河南按察副使仍董學政凡所措注一如南畿當軸者有所屬不得行嗾言者劾其過嚴遂得調當軸者去位復督學廣東其秉公持正曾不以摧挫少沮然竟齟齬弗逹而鳴鳳亦倦遊矣遂歸家徒四壁

不問生計華亭徐少師階其所拔士也視學過越造其廬鳴鳳已寢疾見之茀曰子升勉之華亭亦唯唯執弟子禮唯謹其能以師道自重如此歿後三十年武進薛應旂自負少許可來視學獨表其墓亟爲祀鄉賢云所著有靜庵文録詩録教録社詩註凡若干卷

沈弘道字伯元會稽人正德間進士授刑部主事決獄稱平嘗憫囚久繫作囹圄賦讀者悲之武廟將南巡道上書抗止遂被譴迨世廟入繼大統首陳治道八事會丁内艱去服闋進

員外郎繼遷福建僉事卒于官家居時絶無私謁唯鄉邦利病所關則侃侃言之既議革平水閘柚分又議開上竈河有司獨加敬禮言無不從且又念其貧欲周之乃令所擬死大豪石某者能致道書則免死豪憚道謀於道子伺道出陳所賂千金於几冀以動之道歸問所從来遽唾去豪竟杖死其清操不愧屋漏如此生平好學躭述作所著有樵問洪範八十一鄺太玄論凭几論冲穆藁問其家不存云蔵于舊主人平湖陸氏

俞集字汝成新昌人正德中進士初知長洲首除羨

銀千餘兩誌稱其節愛多惠政召拜御史屢抗疏彈擊權倖巳而廵按河南平糶冠恤饑民諸所經畫皆有稱於時集爲人鯁介磊落卒之日家無私蔵其風節可表於鄉邦云所著有西行贅録隨筆録中州廵稿奏議雜稿旗峯詩集祀鄉賢

盛瀧字源之蕭山人登進士初知臨淮終南寧守爲政嚴明一毫無所染謝事歸行李蕭然唯杜門讀書不入城府臨淮人久而愈思之有爲御史以廵鹾按浙者知其饘粥不繼延之入省飲欵甚洽然終無所言一巨商敗法當戍携千金因瀧子以請瀧正色却

之子跽泣曰父忍坐視兒媳饑寒以死耶瀧曰吾誓不以饑寒易晚節子長號還商人金父子卒相與甘困不悔蓋其事與費愚相類越中稱清白吏必曰費成都盛南寧云

張逵字懋登餘姚人登進士膺館選嘉靖初授刑科給事中首劾武定侯郭勛既又論妖賊李福達之奸皆忤旨始而謫官復被逮戍邊幾十年毋死不得歸哀痛而卒隆慶改元撫臣以請詔贈光祿寺少卿祀鄉賢

杜民表字望之嵊人正德丁丑進士初知鉛山心慈

而守介視民如子宸濠之變決策守禦民賴以不驚尋拜御史大禮議起忤旨廷杖遂罷歸臺省屢薦皆不報鉛山人祠祀之勒銘云道上有青天之譽獄中無白日之冤

孫陞字志高餘姚人忠烈公燧之季子也忠烈公死宸濠之變陞時年十九隨二兄誓死赴讐會濠已就擒乃扶柩歸廬于墓茹素三年已而家窶甚務刻苦自樹學益冠一時嘉靖乙未舉進士第二人官翰林遷國子祭酒教先行檢抑浮競懸科條執行之雖親貴關說弗聽歷禮吏二部侍郎終南京禮部尚書卒

贈太子少保謚文恪。陛爲人孝友天植。痛父之死絕手不書寧字。不爲人作壽父文。母楊夫人年九十。陛爲侍郎。每公退必稱觴盡歡。稍不懌輒長跽不起。事伯兄如父。無巨細必禀命。坐必侍側。終其身不改。性恬淡無所嗜好。一介之微苟有未安則曰趙清獻必不如是。一切不問生計。故踐登膴仕而家益貧。尤泊於進取。當分宜專政。陛其門人。乃自吏部乞徙而南。其跡益遠而名益重。平居自讀書考古外。絕不與他曹事。唯以水旱寇賊爲生民憂。至形之詩歌以風當事者。其課諸子不專文藝。務以名節相誡勉。爲文宗

兩漢詩宗杜氏所著詩文凡若干卷、祀鄉賢

呂光洵字信卿新昌人嘉靖壬辰進士知崇安再知溧陽拜御史屢有建白並要切觸忌諱巡按三吳問民所疾苦開蘇松水利用舟師破海寇才名大振歷官工部左侍郎尋拜右都御史督撫雲南先是沐氏席世寵橫甚賄結權要脅制撫臣削其兵柄一時大吏或怵以威或啖以利皆拱手莫敢誰何所在夷獠爲梗往往倡議招撫陽爲巳功陰養寇以自重都御史游居敬稍與之抗爲反中謫戍御史王諍極言其跋扈狀朝議竟寬之於是驕恣日甚而滇事大壞矣

光洵至與按察副使張諱天復忭之先君協謀併志盟於藩臬諸僚毋受沐氏餽遺毋揖朔望捕其黠奴數輩付先副使掠治之悉置諸法首疏於朝請復給撫臣兵符緩急得自調報可已而土酋李應陽及昆陽安國亨擾霑益虧遮者索寇尋甸先後調兵討平之進兵部尚書兼如故而武定酋鳳繼祖者世毒螫鈎連諸寨有衆數萬地千里據城以叛縱兵突會城僉事張澤出戰死遠近震動沐氏復挾故智議撫光洵決策於先副使移檄川貴爲犄角先副使及參政盧岐嶷率兵萬人夜半奪小甸關進攻武定克之繼祖遁走

追及於川境斬其首以獻武定悉平於是改土設流置守衛建學校功烈甚偉而讒構飈起光洵遂以南工部尚書致仕一時效勞諸大夫相繼罷去滇人究之爲平黔記記其事建祠武定祀光洵及諸大夫光洵才識敏練敢于任事故能成大功於荒徼人比之楊恭惠何太保云而文學尤擅稱于時所著有元史正要詩易箋三巡奏議皆山堂稿可園詩鈔諸集祀鄉賢

忭述呂公滇中事蓋撫卷三大息焉夫曩昔麓川之亂與武定等耳至勤大司馬統兵往征兵至十五萬窮其巢穴而渠魁終不可得焚寨而還然且爵以靖遠至今不替從行諸臣並以郎中超拜侍

郎彼固有主之者也若乃武定之役戡大亂於數旬拓地千里視藤川奚啻倍之而呂公僅蒙銀幣之賞一二藩臬不唯無賞且有罪幸不幸相去何天淵哉夫呂公生不得齒於靖遠亦已矣而其殁也且未有議其贈謚者曾不得與楊恭惠何太保爲伍悲夫悲夫此黠蒼老人所以扼腕而劇談者也

翁溥諸暨人嘉靖己丑進士初知太湖拜吏科給事中久之謫龍泉丞尋起歷臬藩進都御史終南京刑部尚書卒於官勑賜祭葬謚榮靖溥識敏而氣凝臨事井井尤嗜學工詩文所著有知白堂藁　祀鄉賢

龔輝字實卿餘姚人嘉靖初進士初爲工部郎中以營建仁壽宮督木四川既得大木五千餘部劄務欲

倍之民情洶洶會有彗星之變詔求直言輝乃上言四川僻處一隅而巨木多在深山窮谷採取必吊崖懸橋而出艱苦萬狀況頻年川中兵荒相繼民困極矣因繪山川險惡一十五圖各爲貼説以進世廟即命停止以年勞遷副使督學陜西著全陜政要書世多傳之歷副都御史督軍漳贛平懸繩諸賊巢尋總督漕運終南工部侍郎輝才識通練所至皆有建樹人猶惜其未竟云祀鄉賢

陳陛字晉甫餘姚人嘉靖辛丑進士選庶吉士歷官翰林終南禮部右侍郎卒贈禮部尚書謚文僖爲人

和易長厚無賢愚皆親之父煥兄堺弟覲並舉進士致通顯亦一時之盛云祀鄉賢

諸大綬字端甫山陰人嘉靖丙辰進士第一人是時越卧龍山鳴歷官翰林終吏部右侍郎大綬狀貌修偉而豈弟坦夷好推轂士類其立朝不激不隨有公輔之望侍

穆廟日講六年每進講剴切詳盡　上注聽焉方屬意大用會　上崩大綬亦病卒後數年贈禮部尚書謚文懿祀鄉賢

陶大臨字虞臣會稽人莊敏公諧之孫也嘉靖丙辰

進士第二歷官翰林國子終吏部右侍郎卒于官贈禮部尚書謚文僖大臨貌不勝衣而識沉守介屹然不可動搖隆慶壬申侍

今上講讀於東宮及　上踐祚充日講懇懇以正心窒欲敬天法祖爲言自入仕輒以諮訪人才爲急置二籍袖中黑白必書及爲吏部參決大計所汰留多得其當平生翼翼畏慎唯恐有失而於取予尤嚴無論金帛即書畫名玩之遺必峻却之泊然無所好也卒之日槖無羸金士論益賢之而惜其大用未究云

祀鄉賢

葉經字叔明上虞人嘉靖壬辰進士授福州府推官丁父憂再補常州决幽滯絶請託風裁凛凛召拜御史時禮部尚書嚴嵩受諸藩賄濫予封爵經抗疏劾之下撫按勘其事嵩既切齒已而按山海關按壁行營將吏悚懾癸卯再按山東曾中丞王副使昌築城功輒自建祠經據法毁之不少徇東平有尚書子横州里立捕治抵罪遠近肅然是年鄉試經職監臨發策以北虜内侵禦應失當爵賞冗濫征求四出財竭民困爲言録既成同事者請删改且怵以危禍經不聽及録上果以語含譏訕下禮部議嵩因摘録中有

云繼體之君德非至聖作聰明以亂舊章好自用而不能任人皆涉毀謗貼註以聞械繫拷治擬以大肆譏謗無忠敬心詔午門外杖八十發原籍爲民遂卒於道同事十三人並下獄譴謫有差先是御史楊爵以封事獲罪下錦衣獄同輩多遠引避禍經獨通問不絕及經繫獄爵使人覘之經兀坐不少動卒時年三十九爵爲著傳於獄中隆慶改元詔復原官贈光祿少卿官其子　祀鄉賢

謝瑜字如卿上虞人其先僉事肅通政使澤皆名臣瑜登壬辰進士令浦城績甚著召拜南道御史時武

定侯郭勛建議請復天下鎮守鉗制百官瑜劾勛妄肆極言正德中閹宦無狀司禮劉瑾反於內鎮守畢真劉朗反於外覆車可監　上雖不遷斥勛而鎮守之議竟寢海內賴之尋使雲貴核兵籍因論兵部尚書張瓚副都御史党以平貪墨無賴又論禮部尚書嚴嵩奸佞大學士翟鑾伴食刑部尚書周期雍飾非自固於是相繼罷去唯嵩得入相瑜自雲貴還臺長稱爲古之遺直薦留雲南道嵩憚之百計要結且啖以美官瑜掉頭不顧出按四川聞邊警上疏曰堯舜誅四凶而蠻夷率俾今之四凶郭勛胡守中張瓚嚴

嵩是也陛下已誅其二矣何不盡屏逐之以全堯舜
之功乎且極陳邊事大壞狀　上不之罪嵩益欲甘
心焉瑜以母老乞歸未允而嵩乘京察除瑜名瑜歸
日奉母怡怡盡歡嘯傲一小閣不一躡城府自謂猶
介名所居曰猶齋然其中實坦坦使人可親
世廟登遐遺詔録言者未及拜命而卒年六十有九
久之御史周弘祖輯嘉隆章疏特請於朝贈太僕寺
少卿

陳紹字用光上虞人嘉靖中進士司理廬郡徵拜南
臺御史號有風裁壬寅八月禮部尚書嚴嵩初拜相

而虜適内訌紹抗疏曰昔中國相司馬遼人戒勑邊吏今嵩外爲謹餙内存險詐競奔趨而賤名撿見輕士論一旦列置具瞻何以勵庶職而威遠夷請收回成命别簡忠賢宗社幸甚時

肅皇帝尚親萬幾嵩雖恚甚不能輒加禍尋出爲韶州守至則與民更始榜十餘事持而行之利弊興革殆盡屢斷疑獄人以爲神明暇則進諸生於濂溪書院躬訓廸之韶士始彬彬向學值夏久旱徧禱于山川中暑病劇俄聞雷雨聲復張目問民事乃瞑所遺書數篋而已紹首折權奸著績大郡卒以勤事死韶

紹興府志　卷之四十　人物志　循吏　　十三

人至今俎豆之紹卒時妻孫年二十六甘窮苦撫其二孤歷四十餘年尤以貞淑聞於鄉　祀鄉賢

沈錬字純甫會稽人生平慷慨有大志復雄於文下筆輙萬言嘉靖戊戌舉進士知溧陽治大畧倣漸霸論大豪抵死因再抗臺使其屬尉贓墨錮之尉又自經錬遂三徙終不少變爲令久不得調時相知其才稍移錦衣幕會虜入集廷議錬昌言虜入由相嵩父子廷詬之已而復上書數其罪詔杖錬徙置保安時鎮臣匿敗以捷聞得賞方宴會諸寮稱賀錬以詩大書遺之云殺生獻馘古来無解道功成萬骨枯白草

黃沙風雨夜冤魂多少覔頭顱鎮臣大銜之已又刻
木爲秦檜月令人擂射作射虎行籌邊賦譏刺時事
無虛日而邊人慕鍊忠義多附之者鍊乃招流亡倡
城守爲禦虜計虜聞鍊兵輒相戒勿近於是鎮臣與
相嵩搆鍊將爲亂鍊遂被刑并戍其子襄隆慶初詔
贈鍊光禄少卿録其子襄襄上書訟父冤鎮臣坐死
越五年臺使令有司祠祀之鍊所著書悉亡於逮時
今僅存青霞集祀鄉賢
沈束字宗安會稽人嘉靖癸卯鄉試第一尋舉進士
出理徽郡三年拜禮科給事中

世宗末年分宜父子專政諸所進退一以賄入爲低昂柬觸事憤慨將列其罪狀語稍漏會總兵周尚文卒請邮典嵩惡其素不附已寢之柬抗疏言尚文忠勇素著國之長城其死也邊人無不灑涕而身后之典格而不議何以示勸且大臣當體國奉公柰何以愛憎爲予奪疏入嵩大怒條旨杖闕下幾死尋下詔獄幽禁之自柬疏上後沈鍊趙御史錦徐刑部學詩先後論嵩時號越中四諫而嵩愈恨越人禁柬愈固在獄凡十有八年艱危萬狀唯兀坐玩周易著周易通解發爲詩歌悲壯悽惋令讀者裂眥酸鼻會

嚴氏敗而東父年八十有七其妻張乃伏闕上疏請以身代繫今夫得一見父以瞑凡三上乃得旨放歸。歸則固有心疾且其意欲佯狂以避世時時對客作譫語然平居談道賦詩惺如也。隆慶初詔起原官尋遷南通政皆不赴。自是掃跡城市日以著述自娛家故貧有田十餘畝婦妾并日而食處之怡然。居十餘年而卒初東官給事時尚無子張孺人自會稽来置妾潘與俱既至則東已下獄三日矣張憐潘年少欲更嫁之潘涕泣誓以死待。卒相與茹荼苦以供饘橐。及東出獄潘猶一處女也。張身執汲炊而日令潘進

御然竟無子東沒未幾而潘亦尋沒矣山陰令徐貞明表其里曰一門風節云◎祀鄉賢

徐學詩字以言上虞人登進士授刑部主事歷郎中能盡心刑獄不爲權勢撓阻當是時相嵩父子怙寵黷賄日寅緣　上所嬖幸鋤擊言者天下咸以言爲諱庚戌秋虜大舉入寇突騎薄都城而所分布要害之帥尚以賄置會有詔求直言學詩遂具疏歷數嚴氏奸利事　上爲感動而方士陶仲文爲言嵩孤立盡忠學詩特爲所私報怨耳乃逮下錦衣獄箠楚備至學詩慷慨當之不少挫尋放爲民以歸歸則日侍

其父安寧公優游杖屨曾無所侘傺於中而潛思力
踐若有所望而趨之不以一節自多也
世廟上賓遺詔録諸言者起南通參抵官踰月而卒
士論交惜之撫臣趙孔昭以請于 朝贈大理少卿
祀鄉賢
周如底字允直餘姚人嘉靖已丑進士初知劉陽改
婺源時汪太宰鋐方柄銓家人横甚如底一裁以法
汪銜之移判武昌汪去位始擢工部主事歷營繕司
郎中時 九廟 四郊 慈慶 慈寧諸大工繼起
川湖巨材銜尾至故事至則輓入臺基山西二厰聽

内竪取裁繕司唯唯而已如底察召工師索其總册梁若干柱若干長若干圍若干榱桷椽檻之類畢具乃令輓木者悉以木置長安東西街召諸匠如式裁用然後進兩廠而所餘關頭悉送器皿廠造御器内竪一無所得時内外提督若太監高忠武定侯郭勛並貴寵用事雖屢肆叱辱如底第含忍偵卒日夜伺其起居竟無隙後以積資擢太僕少卿念親老未嘗携家憂思勞苦竟得疾請告歸歲餘卒無以爲斂其清譽益彰云　祀鄉賢

陳楠字彦材上虞人少穎敏日記數千言遂博綜群

籍稱鉅儒嘉靖丙戌登進士授長沙理歷大理寺正讞獄多所平反尋出知寶慶慨然慕古之循良賑災弭盜興學造士三年而惠大洽遷按察副使備兵蘇松不悅於當路遂罷歸歸而杜門讀書清約如寒士其廉靖簡朴之風足以厲頽俗云

徐甫宰字允平山陰人童時嘗刲股療其母既長以産讓其兄議論慷慨常以奇節自負嘉靖癸卯舉于順天久之授武平令邑爲盜藪號難治甫宰多方拊循遠近畏懷諸寇亦皆傾心受約束賊有負險以叛者督府將發兵征之甫宰單騎詣其巢曉以禍福賊

羅拜泣下郎解甲降居武平六年復改程鄉其治一如武平又用計平石窟俘徐加悌縛林朝曦諸巨賊斬首千級以功超拜按察僉事備兵潮州潮當山海間上賊島夷相煽亂甫牢開誠釋從撫勦迭施潮境獲寧然竟以勞瘁嘔血歸卒于家武程及潮並建祠凡十餘所水旱疾病有禱必應云

茅宰字國鄉山陰人嘉靖中進士知六合縣守潔政和爲一時循吏之最遷南刑部主事未幾卒六合人祠祀之宰資性穎敏而好學砥行卓然以遠大自期乃竟限於年識者惜之　祀鄉賢

朱公節字允中山陰人嘉靖辛卯領鄉薦初爲彭澤令終泰州守爲人方嚴簡重而心事夷坦幼孤事母甚孝既入仕郎以父產悉畀其弟喪母時年已六十猶哀毁踰制病越俗居喪宴賓非禮一切用齋素戒子孫世守之先後家居未嘗干謁有司有司往往禮於其廬歷典州縣自常俸外無妄取而一意爲民捍災興利有古循良之風在彭澤尤久邑人至今祠祀之所著有東武集祀鄉賢

俞子良字汝誠山陰人領順天鄉薦潛心聖學力敦古道平居無戲言戲動議論侃侃務底厲名檢未嘗

以一事干有司初教諭欒城欒俗不知有禮以禮誨之未冠者躬爲之冠有婚喪者爲之品式使遵行焉欒人感而化之雖婦女亦呼爲俞夫子云遷肅寧令治邑事如其家甫踰年百廢具舉甚使者待以殊等然竟以勞瘁而卒柩還之日蕭然敝篋而已所著明學錄通禮節要尊親錄欒居司牧二集並典切可訓

紹興府志卷之四十一

紹興府志卷之四十二

人物志八

鄉賢之三 理學

道學之名自宋始道學之有傳亦自宋史始當其時濂洛關閩諸大儒後先迭興遠紹洙泗有宋文運之隆駕軼前代矣作史者表而出之不使混於列傳焉宜也　明興百數十年王文成崛起會稽倡明絶學遡濂洛而上之頃且從祀　宣聖之庭矣余爲郡志得不表而出之以爲巖巖𡽪光哉雖然辟之木必有本水必有源吾越自考亭來領常平游楊羅尹諸先生

或官於斯或寓於斯風之所自者遠矣石子重羽翼乎程朱韓莊節講道於亂世潘太常振響於東隅彼皆生乎文成之先故以世次而先之乃其學則考亭之派也道固並行而不悖也若夫生乎文成之後者孰爲見知乎孰爲聞知乎公論在千百世余小子何敢知焉

宋　石𡼏字子重新昌人幼端慤警悟博覽群書以發明聖學爲己任登紹興己丑進士授桂陽簿遷同安丞歲饑白府請蠲租酌以便宜民德其惠改知武進縣有訟數年不決一訊立辨郡守欲爲寓客治第屬

後於縣費鉅萬塈執不可曰剥民膏血以媚人吾不
忍也守怒欲中以法民數千人相與詣郡伺守出遮
道號訴至有褫其襜帷者守不能禁因更調龙溪縣
時學校久廢塈延其友古田林用中來学教事旦夕
率佐史賔客往臨之開陳理道諸生莫不感奮他郡
士有裹糧來學者至不能容乃爲拓地廣齋舍置田
數百畝贍之更考古制舉行鄉飲酒禮於是士咸知
學而民俗大變監察御史陳舉善丞相史浩先後薦
於朝有旨召對首陳君道與天地準言甚剴切上嘉
納之累遷太常主簿代朱熹知南康軍未行熹使浙

東聞新刻饑民轉入台境亟以屬鏊毅然在之不辭勞劇所全活甚衆熹曰此儒者康濟之效也鏊天資高邁究心理學與熹友益講明經傳宗旨盡得其精奥發爲著述簡明醇粹多與熹合所著中庸集解熹嘗采之爲中庸集註又别爲輯畧以存諸儒之説而鏊尊經衛道之功益彰矣一時學者多師事之熹嘗呼曰子重兄及卒爲誌其墓有文集十卷集周易大學中庸解數十卷傳於世嘉靖間郡守洪珠特建書院于鼓山崇祀而表章之祀鄉賢

元　韓性字明善會稽人魏公琦八世孫高祖膺胄始

家于越性天資警敏七歲讀書數行俱下日記萬言九歲通小戴禮作大義操筆立就文意蒼古老宿驚異及長博綜群書尤明性理之學四方學者輻輳其門延祐初以科舉取士學者多以文法爲請性語之曰今之貢舉悉本朱熹私議爲貢舉之文不知朱氏之學可乎四書六經千載不傳之學自程氏至朱氏發明無餘蘊矣顧力行何如爾有德者必有言施之場屋直其末事豈有他法哉其指授不爲甚高論而義理自融見人有一善必爲之延譽及辨析是非則毅然不可犯出無輿馬僕御所過負者息肩行者避

道巷夫街叟至於童稚厮役咸稱之曰韓先生韓先生云辟薦皆不就務自韜晦縉紳大夫有事于越者必先造其廬得所論述即以爲繩準天曆中門人李齊爲御史力舉其行義而性已卒矣時年七十有六朝廷賜謚莊節先生所著有禮記說四卷詩音釋一卷書辯疑一卷郡志八卷文集十二卷祀鄉賢

皇明潘府字孔修上虞人自爲諸生讀濂洛書即慨然有志成化丁未成進士　憲廟賓天　敬皇踐祚哭臨二十七日禮官請如制易服　敬皇素服如故朝臣服吉者皆趨出易素百日又如之禮官愈請從

吉府乃毅然抗疏勸行通喪其畧曰仁莫大於父子
義莫大於君臣子爲父臣爲君皆斬衰三年仁之至
義之盡也堯舜以來自天子至於庶人一用此道漢
文帝事不師古遺詔短喪景帝苟從綱常墮地晉武
帝欲之不能行魏孝文行之不能盡宋孝宗銳志復
古易月之外猶執通喪然能行於上不能行於下未
足爲聖王之達孝也　憲宗皇帝奄棄四海臣庶銜
哀陛下至愛由衷痛切肝肺柩前即位三請始從麻
衣視朝百日未改此一念天理之發也伏乞力排群
議斷自聖心定爲三年之喪詔禮官博士參考載籍

使喪不廢禮朝不廢政合於古不戾於今行於上可
通於下則大本以立大經以正子化於孝臣化於忠
使天下萬世仰爲三綱五常之共主顧不偉哉剴切
數千言親友疑懼沮以　皇明祖訓勸行三年之喪
者斬府不聽疏竟上衰經待罪詔輔臣看詳並泥成
說禮部侍郎倪岳獨贊決之定儀注三年不鳴鍾鼓
不受朝賀朔望宮中素服舉奠梓宮發紖府獨衰經
哭送衆皆目之由是　敬皇孝德感動中外而府名
重海內矣出知長樂五年有惠政遷南兵部主事陳
軍民利病七事父憂服除補刑部值旱蝗星變虜深

入孔廟災上内修外攘以謹天戒疏又上救時十要
凡所陳並關國體切時宜多見採納其言元世祖不
宜列帝王廟木華黎不宜從祀功臣吳澄不宜從祀
孔廟時雖未用至嘉靖中悉如其議以母老乞南再
疏得請改南兵部歷武選郎中宿弊盡洗尚書馬公
文昇去兵部掌銓素知其賢超拜廣東提學副使奉
母以往值歲大比考校嚴明士習大振時滇南晝晦
七日楚婦人鬢長三寸上弭災三術疏不報尋以母
老乞歸命未下輒舁板輿就道僚友追餞嘖嘖稱盛
事歸無何母卒會逆瑾亂政遂堅臥不起嘉靖改元

臺省交薦進太僕太常少卿致仕兩上疏謝因言修
明聖學及中興治要惓惓忠愛老而不衰卜居南山
踰二十年闢南山書院聚徒講學遠邇鄉慕布衣蔬
食足不入城市唯修正五經四書傳註及周程四子
之集參互考訂凡爲書二十餘種所著素言士類競
傳誦之嘗識董文簡玘於髫年妻以女及文簡已貴
顯猶以未滿所期爲惜歿時年七十三部使者請於
朝特賜祭勑有司營葬蓋異數云祀鄉賢
王守仁字伯安餘姚人父華歷官南吏尚書母鄭孕
十四月而生生六歲始能言頴異頓發弘治己未登

進士時有慧星及虜警上疏論時政極剴切明年授
刑部主事日事案牘夜歸必然燈讀經史過勞苦得
疾歸闗陽明洞與山人王文轅許璋輩静坐爲養生
久之漸悟外求之非甲子聘考山東鄉試改兵部會
湛若水遂與定交共明聖學正德初逆瑾專横擅逮
南京諫官抗疏論救縛杖闕下幾死謫龍塲驛丞始
至茇叢棘間夷㹠相與伐木爲何陋軒玩易窩以居
日夜端居默坐澄心内觀一夕忽大悟踊躍若狂以
所記憶五經之言證之一一脗合獨與考亭註疏相
牴牾因盡取考亭諸書閲之見其晩年論議已自深

悔至有誑己誑人之說乃益卓然自信以致良知爲聖門秘旨體究日精益洞朗無礙安宜慰頗抗朝命移書折之輒欽聽庚午起令廬陵甫六月教化大洽是年瑾誅歷遷吏部主事日與士大夫孜孜問學有僚友執弟子禮者尋遷南鴻臚卿門人日進南贛賊起朝議用兵兵部尚書王瓊力薦之拜僉都御史往撫南贛汀漳當是時宸濠久蓄逆謀結群盜爲爪牙四出摽掠聚衆至數十萬諸撫臣相視莫敢誰何守仁至贛日夜練兵教射名討洞賊實以備濠且請勑便宜行事尚書瓊持議悉從所請由是進攻横水左

溪桶岡浰頭諸洞夷悉平之軍威大振班師至贛開書院日進諸生講學不輟又設社學立保甲絃歌之聲徧嶺北己卯六月奉旨勘事閩中至豐城聞濠反惡走小舸還吉安濠遣兵追之不及遂與知府伍文定倡義討賊檄列郡勒兵會樟樹謂當俟濠出先克省城搗其巢穴彼必歸援我師邀擊擒之必矣未幾濠果出攻南康九江圍安慶不下我兵四集分隊攻省城之七門克之於是下令除賊黨封府庫收印綬安脇從釋被繫表死難分兵防守濠聞果解圍反顧我兵逆戰於樵舍縱火夾擊大破之擒濠以歸將北

上獻俘而邊將内臣俱至爭功構飛語中傷時　武
宗駐蹕南都守仁竭力彌精進退維谷賴内臣張永
調護得免四乞省葬不允先是每疏捷必歸功瓊謂
能先事爲計輔臣遂不悦世廟登極特降璽書召赴
闕輔臣嗾言官論止其行遂力求歸省許之是年冬
始議加尚書封新建伯壬午丁父憂居越六年竟不
復召四方從遊之士輻輳於稽山所在宮刹幾滿時
論益哄然詆爲僞學亦不顧常語諸生曰不患言謗
唯患以身謗廣西岑猛之亂遠近震動馳檄起爲總
制往討以疾辭舉胡世寧李承勛自代不允遂輿疾

赴廣至則撤防兵解戰甲開示恩信賊黨盧蘇王受
率衆來降思田平又用其衆破八寨克斷藤峽俘獲
殆盡因設縣治增城堡興學校事竣乞歸至南安而
卒時年五十有七輔臣桂萼憾未已疏言擒濠攻城
多僇無辜奏捷誇張已甚又斥其學術朁士習遂有
詔停卹典革其世襲公論憤鬱數十年隆慶改元廷
臣以請乃追贈新建侯賜祭塟謚文成給券世襲萬
曆甲申　上斷然採廷議從祀孔廟守仁天資超絕
少喜任俠長好詞章僊釋既而以斯道爲已任以聖
人爲必可至平生無一時一念不在於學雖軍旅劻

勳中每與諸生相對笑談指揮不動聲色歷經危變益信良知真足以忘患難出生死故晚年時時舉以示人嘗曰吾此學從百死千難中得來豈可易說又曰無善無惡心之體有善有惡意之動知善知惡是良知爲善去惡是格物此其徹上徹下語也或言以公氣節文章政事勳業足蓋一世只除却講學一事即是完人守仁答曰某但願從事講學不願其他人謂守仁豪傑之才聖賢之學國朝理學諸臣無出其右所著有陽明集居夷集五經臆說大學古本旁註及門人所記傳習錄所纂則言行於世

徐愛字曰仁餘姚人正德戊辰進士出知祁州遷南京工部員外歷郎中愛娶於王蓋文成之妹婿也弱冠領鄉薦適文成謫龍場歸論學於稽山愛深契之遂納贄稱弟子奮然以聖學爲己任後數年壬申文成自考功遷南太僕愛亦自祁遷南工部同舟歸越論大學宗旨益踴躍痛快如狂如醒者數日傳習錄即是時所編也其自叙云愛因舊說汨沒始聞先生之教實駭愕不定無入頭處其後聞之既久漸知反身實踐然後始信先生之學爲孔門嫡傳舍是皆傍蹊小徑斷港絶河矣如說格物是誠意功夫明善是

誠身功夫窮理是盡性功夫道問學是尊德性功夫博文是約禮功夫惟精是惟一功夫諸如此類皆落落難合其後思之既久不覺手舞足蹈既而與文成同官南都愛性最警敏聞言即悟又善發其旨時四方同志雲集文成至不能應每令愛分接之咸得所欲而去文成有南贛之命愛亦請告歸方與諸門人謀耕霅上之田以待其師而竟以疾終矣年財三十有一也計聞文成哭之慟愛嘗遊南岳夢一瞿曇撫其背曰爾與顏子同德亦與顏子同壽文成每語輒傷之在祁值劉六劉七之亂有保障功嘗疏陳十事

多見采納居南工廉勤克舉其職其墓在山陰之大峯山而子孫微矣浙江通志書官爵誤○祀鄉賢

季本字明德會稽人少受春秋於其兄木遂以經名諸生中弱冠舉于鄉尋丁父母憂自是家居者十二年未嘗一日釋卷於書無所不讀每讀一書必竟其顛末乃已已而師事新建獲聞致良知之旨乃悉悔其舊學而一意六經潛心體究久之旣浸溢懼學者騖於空虛則欲身挽其敝著書數百萬言大都精考索務實踐以究新建未發之緒歷仕與處從游者數百人時講學者多以自然爲宗而厭拘檢因爲龍惕

說以反之大都以龍喻心以龍之驚惕而主變化喻心之主宰常惺惺其要歸乎自然而用功則有所先間以質諸同志或然或否卒自信其說不爲動始以進士理建寧務在平反無成心及召爲御史以言事謫升沉者二十年止長沙守其爲政急大節畧小嫌絶不知有世情卒以是齟齬而歸歸二十餘年家徒四壁立借居禪林以著書談道爲樂卒之年七十有九矣疾且革猶進門人於榻前講易孳孳如平居時其爲人表裏洞達無城府人人樂親之殁既十餘年而鄉人士益思慕不已相與建祠禹蹟寺西林顏曰

景賢又買田若干畝以供祭祀所著書十一種廟制考義春秋私考讀禮疑圖四書私存孔孟圖譜樂律纂要律呂別書著法別傳說理會編詩說解頤易學四同凡百二十卷藏祠中祀鄉賢

自文成倡道稽山一時從游之士無論四方即吾越且百數十人今所爲傳董董徐季兩公何寥寥也蓋兩公者省志邑志之所已載且其人歿久而論定矣其他賢者固多而舊乘未載固未敢遽入也乃若姚江錢先生德洪山陰王先生畿兩先生者及門最先聞道又最蚤始以從學既復以奔喪兩停　廷試不亟於進取已又爲之植遺孤攝家政不啻若父子文

成歿數十年而良知之緒綿延不絶天真水西創祠聚徒若文成之未喪其尊師衛道之功安可泯也而王先生壯年斷慾勇埒上蔡其所見解尤超玄入微不落階級兩先生皆有會語數十卷雖途徑稍別要於師門宗旨各有所承不信今必傳後無疑者頑余拘儒也竟未敢破例而爲傳尚有俟於後之君子焉

紹興府志卷之四十二

紹興府志卷之四十三

人物志九

鄉賢之四　儒林

前史傳儒林復傳文苑蓋析而二之也吾以爲道德文章皆儒者事也故弁之爲儒林焉夫文行無優者上也其次則行優於文又其次則文優於行是皆無愧於儒者也傳之以章範也若夫圓冠句屨以號於天下曰儒而行無可述文無可傳是則鄉人也已矣奚其儒奚其儒

漢王充字仲任上虞人少孤鄉里稱孝既長卒業太

學師事班彪家貧無書嘗游市肆閲書一見輙能誦憶遂博通百家言後歸鄉里屏居教授仕郡爲功曹以數諫諍不合去廼閉門潛思絶慶吊之禮戸牖墻壁各置刀筆著論衡八十五篇破經傳宿疑解當世盤結蔡邕至吳始得之恒秘玩以爲談助同郡謝夷吾上書薦之肅宗特詔公車徵病不行時年七十餘矣復作養性書十六篇永元中卒祀鄉賢

趙曄字長君山陰人少嘗爲縣吏奉檄迎督郵曄恥之遂棄車馬去到犍爲詣杜撫受韓詩究竟其術積二十年絶問不還家爲發喪制服曄卒業乃歸州召

補從事不就後舉有道卒于家著吳越春秋詩細歷神淵蔡邕至會稽讀詩細而嘆息以爲長於論衡既還京師爲學者誦而傳之

吳 虞翻字仲翔餘姚人孫策取會稽翻歸策以爲功曹然禮之如友翻好諫策多用之已乃出翻爲富春長策薨州舉翻茂才漢召爲侍御史不行曹操雅重翻辟之罵曰盜賊乃欲以餘財汚良家耶孫權統會稽拜騎都尉數直諫權不能用坐徙丹陽涇縣頼呂蒙釋還拜侍御史又以戇觸權徙交州而卒翻在交州十餘年講學不倦門徒常數百人翻高祖零陵太

守光曾祖平輿令成祖鳳父日南太守歆及翻五世
傳易翻所著書甚衆於易尤精孔融見而嘆曰覩仲
翔之易則東南之美豈徒會稽之竹箭耶翻十一子
汜封餘姚侯忠死節宜都聳仕晉爲河間太守清虛
無欲進退以禮抽引人物務在幽隱孤陋之中疾俗
喪祭無度爲之撙節族黨並遵行之昺爲濟陰太守
抑強扶弱甚著威風

謝承字偉平山陰人洽聞強記一覽不忘以女兄爲
孫權妻仕吳官至武陵太守撰後漢書百餘卷子崇
最崇楊威將軍最吳郡太守並知名

闞澤字德潤山陰人究覽郡籍兼通歷數孫權稱尊號以澤爲尚書遷中書令加侍中赤烏五年拜太子太傅以儒學勤勞封都鄉侯每朝廷大議經典所疑必咨訪之性謙恭篤慎官府小吏亦與抗禮人有非短口未嘗及容貌似不足者虞翻稱澤曰闞生矯傑蓋蜀之楊雄又曰闞子儒術德行亦今之仲舒也權嘗問書傳何者爲美因對賈誼過秦論最善既卒權痛惜數日不食

徵崇字子和隱於會稽治易春秋左氏傳兼善內術本姓李遭亂更姓遂躬耕以求其志好尚者從學所

教不過數人輒止欲令其業必有成也

朱育山陰人少好奇字造作異字千名以上仕郡門下書佐太守濮陽興正旦宴見掾吏問昔王景興問士於虞仲翔而未都仲翔對也書佐寧識之乎育因舉成論開說州治沿革條荅詳敏太守稱善育後仕朝常在臺閣爲東觀令加位侍中推刺占射文藝優絕

晉虞喜字仲寧餘姚人父察吳征虜將軍喜少立操行博學好古郡屈爲功曹舉孝廉秀才司徒辟公車徵拜博士皆不就同邑賀循者先達貴顯每詣喜信

宿忘歸自云不能測也咸康初何充上疏曰前賢良
喜天挺貞素高尚邈世旁綜廣探博聞強識高枕柴
門怡然自足宜遣蒲輪紆衡以旌殊操乃下詔褒揚
徵爲散騎常侍又不起永和初有司議祧廟不能决
朝廷遣使就咨之喜專心經術兼覧讖緯所著述數
十萬言行於世 祀鄉賢
虞預字叔寧喜之弟也少孤好學太守庾琛紀瞻並
以爲主簿轉功曹諸葛恢庾亮交薦召爲著作佐郎
應詔上書嘉納又論防寇之術宜得良將因言壽春
無鎮祖逖孤立前有勁虜後無係援宜加獎勵使不

顧命累遷散騎常侍領著作封平康侯預雅好經史憎疾玄虛其論阮籍裸袒比之伊川被髮以故胡虜遍中國過于衰周之世著晉書會稽典錄諸書行於世詩賦碑誄論難數十篇祀鄉賢

楊方字公回會稽人少好學有異才初爲郡鈴下威儀公暇輒讀五經內史諸葛恢見而奇之時虞喜兄弟賀循皆以文學立名後先爲延譽於是司徒王導辟爲掾轉東安太守遷司徒叅軍求補遠郡得以閑居著述乃補高梁太守在郡著五經鉤深更撰吳越春秋幷雜文並行於世

謝沉字行思山陰人博學多識綜練經史内史何充引爲參軍母老去職不交人事耕耘之暇研精墳籍康帝即位朝議疑七廟迭毁徵爲太學博士以質疑滯遷著作郎沉著毛詩漢書外傳及他詩賦文論其學在虞預右

南北朝謝靈運玄之孫也少好學博覽群書與顔延之並以文章爲江左第一襲封康樂公累遷秘書丞坐事免宋受禪降爵爲侯爲太子左衛率少帝即位出爲永嘉太守郡有名山水遂肆意遊遨動踰旬朔尋引疾還始寧修營舊業有終焉之志文帝徵爲秘書

丞不赴命光祿大夫范泰敦趣乃出遷侍中賞遇甚厚然靈運自負才能朝廷唯以文義處之意常怏怏多稱疾不朝出郭游行經旬不返乃賜假東歸與族弟惠連等共爲山澤遊因祖父之資生業甚厚鑿山浚湖功役無已尋山陟嶺必造幽峻嘗自始寧南山伐木開徑至臨海從者數百臨海太守驚駭以爲山賊知靈運乃安始寧有休崲湖靈運求以爲田太守孟顗固執不與遂成怨隙表其異志靈運詣闕自陳文帝不罪更以爲臨川内史在郡游放如前爲有司所糾靈運興兵逃逸作詩曰韓亡子房奮秦帝魯連

耻追討擒之上愛其才乃降死一等徙廣州或告其買兵器結徒兒詔於廣州棄市年四十九靈運恃才放逸多所凌忽故及於禍子鳳元嘉中爲奉化令有惠政民祀之

謝惠連靈運從弟也十歲能屬文長益有聲嘗辟州主簿不就後爲司徒作雪賦以高麗見奇靈運每稱其文曰張華重生不能易也年三十七卒

王韶之字休泰山陰人家貧好學嘗三日絕粮而執卷不輟爲文善敘事除著作佐郎宋武帝以其博學有文辭累遷吳郡太守私撰晉安帝春秋敘王珣貨

殖王歐作亂珣子弘領揚州刺史韶之在郡常慮爲弘所繩夙夜勤勵文帝稱爲良守有孝傳三卷及文集行於世

孔稚珪字德璋山陰人少多學涉時周顒隱鍾山已而復仕稚珪作北山移文譏之齊高帝爲驃騎召爲記室與江淹對掌辭筆歷御史中丞建武初爲南郡太守以魏連歲南伐百姓死傷乃上書陳通和之策稚珪風韻清踈好吟咏不樂世務時憑几獨酌門庭之內草萊不剪中有蛙鳴或問之稚珪曰我以此當兩部鼓吹王晏嘗鳴鼓吹候之聞群蛙鳴曰此殊聒

人耳稚珪曰我聽鼓吹殆不及此晏有媿色

虞僧誕餘姚人爲國子助教以左氏傳教授學者常數百人時博士崔靈恩先習左氏服解不爲江東學者所好乃改說杜義毎文句常申服難杜僧誕最精杜學作申杜難服世多傳之

賀瑒字德璉山陰人循玄孫也齊時舉明經爲太學博士天監初開五經館以瑒兼五經博士别詔爲皇太子定禮撰五經義時武帝方創定禮樂瑒所建議多見施行尋領五經博士卒于官所著禮易老莊講䟽朝廷博士議數百篇賔禮義注一百四十五卷瑒

於禮尤精館中生徒常數百人弟子明經對策至數十人二子華季兄子琛並傳瑒業

賀琛字國寶幼孤伯父瑒授之業一聞即通義理瑒異之後家貧乏粟餐母雖躬執舟檝而習業不廢尤精三禮初瑒聚徒教授四方受業者三千人瑒亡而散至是復集彭城劉溉聞琛名命駕相造會琛正講學徒侶滿筵聞上佐來莫不傾動琛說經無輟曾不降意溉欣然就席問難從容歎曰通才碩學復見賀生因薦爲郡功曹琛辭以母老不就年四十餘始應辟後領尚書左丞參禮儀事凡郊廟諸儀多所創定

毎見帝語常移晷刻省中語曰上殿不下有賀雅琛容止閑雅故云所撰三禮講疏五經滯義及新謚法諸儀注凡百餘篇

孔子袪山陰人少孤好學耕耘樵採常懷書自隨明古文尚書爲國子助教助賀琛撰録累遷中書通事舍人武帝撰五經講疏及孔子正言子袪常攷閲群書以爲義證又自撰註尚書及尚書義後加散騎侍郎卒于官

孔僉山陰人通五經尤明三禮孝經論語生徒數百人三爲五經博士值太清之亂卒于家子淑玄亦以

文學著官至太學博士兄子元素善三禮亦有盛名

孔子雲山陰人師事吳興沈峻峻始爲國子助教吏部郎陸倕言於僕射徐勉以爲周官一書群經源本學絶不傳已歷年世惟峻獨精宜即用其人使專此學勉於是奏峻兼五經博士於館講授子雲實傳峻業官亦至五經博士焉

虞荔字山披餘姚人祖權梁廷尉卿父檢始興王諮議參軍荔九歲從從伯闡候陸倕倕問五經十事荔對無遺太守衡陽王辟爲主簿以年小辭及長美丰儀博覽善文梁武帝用爲士林館學士累遷中書舍

人時左右之任多參權軸惟荔與顧恊靖退但以文
史見知號爲清白侯景之亂荔率親屬入臺毋與荔
俱而卒於臺以故終身蔬布不聽音樂陳文帝器之
以爲中庶子引備顧訪多所獻替荔弟寄時在陳寶
應所每思之流涕帝爲求寄而寶應不遣荔因致疾
帝令卧禁中以便臨視荔持不可乃令居蘭臺數幸
視之荔久斷葷體羸勑賜魚肉强之食不從尋卒贈
侍中謚曰德衣還帝出臨送遣使護視其家而召其
子世基世南皆官之世基長子肅好學多才藝次熈
符璽郎宇文化及將亂宗人虞伋告熈使出走熈曰

龔父背君求生何地及難作兄弟競請先死世南在

列傳荔墓在慈谿

虞寄字次安對策高第起家梁宣城王國左常侍武帝覽寄瑞雨頌謂其兄荔曰此卿之士龍也陳寶應據閩寄爲所得武帝召寄寶應托故不遣寄知其有逆謀每陳順逆之理以諷之乃着居士服自稱東山虞寄託疾不赴寶應既禽文帝勑寄還朝執手慰勞衡陽王出閤用爲掌書記帝曰非敢以文翰屈卿乃令以師表相事也後除東中郎建安王諮議令罷公事有疑議但就決之寄造次必於仁厚臨危執節刃

鍔不避每諸王造門致禮命釋鞭版授以几杖侍坐
論道出遊閭里老幼羅列望拜道左有誓約者指寄
便不忍欺
孔逭山陰人有才藻製東都賦才士稱之陳郡謝淪
年少時遊會稽還父莊問入東何見見逭否其見重
於名流如此著三吳決錄不傳終於衛軍武陵王東
曹掾
[隋]虞綽字士裕餘姚人博學有俊才尤工草隸仕陳
爲太學博士大業初爲秘書學士奉詔選長洲王鏡
等書綽所筆削帝未嘗不稱善遷著作佐郎與弟世

南居禁中以文翰待詔從征遼東帝見大鳥命緯銘之勒于海上其詞賦世多傳焉

唐賀德仁山陰人與兄德基皆以文辭稱時人爲之語曰學行可師賀德基文質彬彬賀德仁兄弟八人時比漢荀氏太守王仁改其所居里爲高陽云武德中除中書舍人徙洗馬爲東宮學士貞觀初遷趙王友有集二十卷藏於四庫

孔紹安山陰人蚤知名勵志于學陳亡外兄虞世南謂紹安曰本朝淪覆吾分湮滅有弟若此知不亡矣紹安與孫萬壽皆以文辭稱時謂之孫孔子禎歷監

察御史門無賓謁時譏其介禎子季詡擢制科授秘
書郎陳子昂稱其神清韻遠可比衛玠
孔至字惟微若思之子也歷著作郎明氏族學與韋
述蕭穎士栁冲齊名撰百家類例以張說等爲近世
新族剟去之說子埴方有寵怒曰天下族姓何與若
事而妄紛紛耶初書成以示韋述述謂可傳及聞埴
語或欲增損之述曰止大丈夫奮筆成一家書柰何
因人動搖有死不可時述穎士冲皆撰類例而至書
稱工
康子元會稽人開元初詔舉能治易老莊者張說以

聞累擢祕書少監兼集賢侍講學士玄宗東之泰山
說引子元等商裁封禪儀及還徙宗正少卿以疾授
祕書監致仕
賀知章字季真永興人性曠夷善譚說族姑子陸象
先嘗謂人曰季真清談風流吾一日不見則鄙吝生
矣證聖初擢進士累遷禮部侍郎兼集賢院學士玄
宗自爲贊賜之肅宗爲太子知章遷賓客授祕書監
知章晚節尤誕放遨嬉里巷自號四明狂客及祕書
外監每醉輒屬辭筆不停書咸有可觀善草隸好事
者具筆研從之䌷數十字世傳以爲寶天寶初病夢

遊帝居數日竊乃請爲道士還鄉里詔許之以宅爲千秋觀又求鏡湖數頃爲放生池詔賜鏡湖剡川一曲既行帝賜詩皇太子百官餞送卒年八十六贈禮部尚書

徐浩字季海會稽人擢明經有文辭爲集賢校理張說見浩五色鵠賦嘆曰後來之英也肅宗朝授中書舍人詔令誥策皆出其手遺辭贍速而書法至精帝嘉之又參太上皇誥冊寵絶一時授兼尚書右丞浩建言故事有司斷獄必刑部審覆自李林甫楊國忠當國專作威福令有司就宰相府斷事尚書以下未

省即署爭慎卹意請如故事便詔可進郡公卒年八十贈太子少師謚曰定

嚴維字正文山陰人爲秘書郎大曆中與鄭槩裴冕徐嶷王綱等宴其園宅聯句賦詩世傳浙東唱和維有詩一卷藏秘府

吳融字子華山陰人祖翥有時名大中時徵辟不赴賜號文簡先生融學益自力富辭調龍紀初舉進士韋昭度討蜀表掌書記累遷御史歷翰林學士昭宗反正御南闕群臣稱賀融最先至于時左右歡駭帝有指授疊十許稾融跪作詔少選而成語當意詳帝

咨賞良厚進戸部侍郎有詩四卷行于世

宋錢易字希白先世臨安人自其父昊越王倧爲大將胡進思所廢始居會稽而立其弟俶歸朝群從悉補官易與兄昆獨不見録遂刻志讀書年十七舉進士以文藻知名太宗嘗與蘇易簡論唐世文人嘆時無李白易簡曰錢進士爲歌詩殆不下白太宗驚喜曰誠然吾當自布衣召置翰林再舉進士歷太常博士直集賢院上祀汾陰幸亳州命修車駕所過圖經獻宋雅一篇累官翰林學士而卒易才學敏贍文數千百言立就大字行草皆善子彦遠明逸皆以賢良

方正應詔昆亦能詩善草隸舉淳化中進士歷十州
治尚寬簡累官右諫議大夫以秘書監老於家宋典
以來父子兄弟登制策科者錢氏一門而已

齊唐字祖之山陰人唐觀察使瀚之後少貧苦學得
書輒手錄之過誦不忘郡從事魏庭堅聞士也謂唐
曰今士多不讀書唐曰幸公任意以几上書令唐一
誦之如何庭堅以一帙開示乃文選頭陀寺記而唐
誦不遺一字庭堅大驚服登天聖八年進士嘗進龍
韜豹畧賦兩應制科對策皆第一當路忌其切直復
排去之後爲南雄州僉判會交趾進麒麟唐據史傳

非之斥蠻人紿中國衆服其博物以職方員外郎致
仕初鑑湖東北有山巋然與禹陵相望最爲山水奇
絶處唐命其山曰少微而卜築焉所著有學苑精英
少微集各三十卷
石待旦字季平新昌人登進士志操不凡隱居石溪
首創義塾三區以上中下爲別身自督教衣廩之所
成就多爲當代名臣范仲淹知越州聘爲稽山書院
山長四方受業者甚衆後以子貴贈開府儀同三司
刑部尚書祀鄉賢
忭按新昌志人物類多浮夸其言石先生創義塾
是矣而云聘明道爲師又云文杜韓吕四相皆出

其門則無稽甚矣是豈足爲石先生榮哉

張堅字適道諸暨人受業胡安定先生從遊者甚衆後得官改京秩貧不能給吟嘯自若門生故人多顯者未嘗少干

華鎮字安仁會稽人登進士官至朝奉大夫鎮博古工詩文名冠一時嘗輯會稽覽古詩幾百餘篇最稱精覈子礽平亦登進士爲太常博士討論典故據經考古礽無阿附靖康礽爭金人尊號貽怒當塗及二聖北狩竟憂憤卒

俞亨宗字兼善山陰人隆興二年進士洪适帥越聞

亨宗行義延置郡齋又偕至番陽與活弟樞密遵內翰邁游日以文章爲事後知漳州首罷民間戶口鹽值及溪港津渡之榷摍經制司錢之苛取者又貸民輸丁錢嘉定初入爲秘書少監以老求奉祠章六上除直顯謨閣主管成都府玉局觀卒年八十九亨宗爲吏勤著述有文豪二十卷宏詞習業五卷山林思古録十卷群經感發十卷

湛若餘姚人時舉子各占一經或詞賦便足若於六經詞賦靡不工曉同邑有呂次姚建義學聘若爲師諸生嘗數百人後爲太常博士時有錢豈及其子演

亦相繼教授學徒與若等焉

唐閎字進道山陰人少爲學刻苦夜未嘗卧舉進士屡遷都官員外郎乾道間兩浙饑詔爲浙東檢察賑濟州縣所全活甚衆嘗以左氏春秋放遷固史例以周爲紀列國爲傳又爲表志賛合五十一卷號左史傳行於世　祀鄉賢

黄開字必先諸暨人紹興中進士博學好古邃於經術所論著有語孟發揮周易圖說孟子辯志麟經總論春秋妙旨六經指南諸史決疑暨陽雜俎浣溪文集共二百六十餘卷官崇安令　祀鄉賢

姚寬字令威嵊人舜明次子也由江東安撫累遷樞密編修官博學強記尤精天文完顏亮入寇虜衆百萬人爲震慄寬抗論歲星入翼虜亡之兆未幾亮果斃後入奏疾作仆榻前卒上爲官其一子所著有西溪集十卷古樂府二卷註司馬遷史記一百三十卷補註戰國策三十一卷五行祕記一卷及玉璽等書擬樂府數篇俱超越漢魏云　祀鄉賢

王厚之字順伯諸暨人乾道二年進士歷淮西運判每言事忠懇溢出改江東提刑進寶文閣致仕平生注意金石刻所著有金石錄三十卷考異四卷考古

印章四卷題跋周宣王石鼓文後考訂秦惠王詛楚文精鑒絶識刻畫淺深戚辨無遺祀鄉賢

許瑾字子瑜玄度之後世居剡之東林博極經史嘗從朱子遊明於理學鄉先生俞浙狀其行曰子瑜學博而正行峻而和文麗而則君子人也學者從之隨其資禀皆厭足所欲稱爲高山先生宋運既改徵辟不就所著有春秋經傳十卷文稿若干卷凡薦亦以詩文名稱高士

孫因晉餘姚令統之後隱居四明山逍遥鹿亭樊榭間博綜今古嘗采會稽遺事作越問以補王十朋風

俗賦之鈌。騷林多傳之。

胡宗伋字浚明餘姚人童時便如成人其父呼曰老子及長刻意于學元符間試禮部下第歸益市書築室教授鄉里學者多從之游宗伋性至孝跬步未嘗忘親賑人之急必窮其力建炎之亂士人避地明越者多以宗伋爲歸依宗伋雖窮老而學不倦會孝宗御極恩宗伋五上禮部矣例授房州文學調瀏陽丞用薦監嚴州比較務最進一官丐祠監南嶽廟宗伋操行方軌篤於道德性命之旨其交游子弟非是莫取史稱宗伋爲醇儒云

呂大亨字聲之新昌人與從弟冲之同師陳傅良友蔡行之在太學齊名然因厄久之乃授宿松尉從平陽丞時嚴秤提之令大亨上不廢法民尤便之終昭信軍節度推官所著有沃洲雜詠冲之博學精思研究經史尤工詩文傅良深器之舉進士歷南康軍僉判集諸生講道於白鹿洞未幾以疾引退表正鄉閭家無餘貲所著壁經宗旨及詩文墨妙世傳之

俞浙字季淵新昌人登進士歷監察御史三疏時事皆忤旨不報改大理少卿不就乃浩然歸閉門著述有六經審問離騷審問及韓文舉隅諸集浙爲人寡

言篤行端矩矱肅衣冠不喜馳騖與石墪黄度先後

發明理學尤崇尚朱熹傳註所得良多晚年深察而

擴充之以求合中庸之旨自號致曲老人祀鄉賢

[元]夏泰亨字叔通會稽人九歲能屬文領鄉薦歷官

翰林編修以文雄東南所著有詩經音考矩軒文集

王裕字好問山陰人早歲融貫經史既長以文辭鳴

順帝時科舉法復行裕領浙江鄉薦授校官既歸以

五經教授于鄉門徒常百餘人工於詩文有集若干卷

俞漢字仲雲諸暨人精史學著史評八十卷春秋傳

三十卷象川集十卷進呈書付禮部刊行辟爲儒學

不就家頗饒歲饑出粟五千石以濟貧乏後卒士友私謚之曰文惠

胡一中字允文諸暨人以進士補紹興路錄事所著有童子問序四書集箋定正洪範三益藁等集父渭字景呂著有鷄肋集弟一貞亦善詩文有雪林小藁壎篪小藁子澄入　國朝登進士第混舉明經及從孫學俱彬彬有文學澄著鶡突藁學有八咏見山水諸記

徐昭文字季章上虞人家世業儒從韓性讀尚書杜門力學後應辟爲吳淞教官所著有通鑑綱目考證

行於世後學賴之

楊維楨字廉夫諸暨人太定丁卯進士授天台尹罷去家居幾十年會修宋遼金三史維楨著正統辨千餘言歐陽玄讀之歎曰百年公論定於此矣將薦之爲忌者所阻尋用常格歷江西儒學提舉道梗不行張士誠據浙西累使求致不能屈而撰五論及復書告以逆順成敗之說

太祖在軍中時聞其辭張士誠聘甚高其義及登位召諸儒考集禮書迫於郡縣敦遣乃至京師時年八十餘矣作老客歸謠以見意　上笑而遣之還淞江

卒維楨在娠母夢月中金錢墮懷而生稍長父器之鬻鹿馬爲資俾遊甬東得黃氏日抄諸書歸學業日進平生性度夷曠喜戴華陽巾披羽衣與賓客周遊酣歌有晉人風居鐵崖山下自號鐵崖先生好吹鐵笛亦號鐵笛子與人交無疑貳尤喜接引後生識不識稱爲長者而惜不得大用然亦以是得大肆其力於文詞非先秦兩漢弗之學久與俱化縉紳先生與巖穴之士投贄求文者日無虛席以致崖鐫野刻布列東南宋太史濂嘗有言曰元之中世有文章鉅公起於浙河之間曰鐵崖先生聲光殷殷摩戞霄漢吳

越諸生多宗之殆猶山之宗岱河之走海然也撫其
論撰如覩商敦周彝雲雷成文而寒芒横逸奪人目
睛其於詩尤號名家震蕩凌厲如神施鬼設不可察
其端倪其文中之雄乎所著有四書一貫錄五經鈐
鍵春秋透天關禮經約君子議歷代史鉞補正三史
綱目富春人物志麗則遺音古樂府上皇帝勸忠詞
及平鳴瓊臺洞庭雲間祈上諸集通數百卷從兄維
翰亦有文名歷饒州雙溪書院山長所著有光嶽集
稗濟錄藝苑畧祀鄉賢
王冕字元章諸暨人年八歲時父命牧牛隴上竊入

學舍聽諸生誦書聽已輒默記暮歸忘其牛父怒撻之已而復如初母曰兒痴如此曷不聽其所爲冕因去依僧寺以居夜潛出坐佛膝上執策映長明燈讀之琅琅達旦佛像多獰惡可怖冕小兒恬若不見安陽韓性聞而異之錄爲弟子學遂爲通儒性卒門人事冕如事性時冕父已卒即迎母入越城就養久之母思還故里冕買白牛駕母車自被古冠服隨車後鄉里小兒競遮道訕笑冕亦笑著作郎李孝光數薦之當路欲署爲吏冕罵曰吾有田可耕有書可讀肯朝夕抱案庭下備奴使哉每居小樓客至僮入報命

之登乃登部使者行郡坐馬上求見拒之去去不百
武晃倚樓長嘯使者聞之慚晃屢應進士舉不中歎
曰此童子羞爲者吾可溺是哉竟棄去買舟下東吳
渡大江入淮楚歷覽名山川或遇奇才俠客談古豪
傑事即呼酒共飲慷慨悲吟人斥爲狂北遊大都館
秘書卿泰不華家泰不華薦以館職晃曰公誠愚人
哉不十年此中狐兎遊矣尚可言仕即日將南轅會
其友武林盧生死灤陽唯兩幼女一童留燕悵無所
依晃知之不遠千里走灤陽取生遺骨挈二女還生
家晃既歸越復大言天下將亂時海内無事或斥晃

爲妄冕曰妄人非我誰當爲妄哉乃携妻孥隱於九里山種豆三畝粟倍之植梅千樹桃杏居其半芋一區薤韭各百本引水爲池種魚千餘頭結茅廬三間自題爲梅花屋嘗倣周禮著書一卷坐卧自隨秘不令人見更深人寂輒挑燈朗諷既而撫卷曰吾未即死持此以遇明主伊吕事業豈難致哉當風日佳時操觚賦詩千百言不休皆鵰鶱海怒讀者毛髮爲聳人至不爲賓主禮清談竟日不倦食至輒食亦不煩辭謝善畫梅不減楊補之求者肩背相望以繒幅短長爲得米之差人譏之冕曰吾藉之以養口體豈好

爲人作畫師邪未幾汝潁兵起一如冕言

高皇帝既取婺州遣胡大海攻紹興屯兵九里居人彷徨奔避冕獨不動兵執之則曰我能爲若帥出奇計乃與俱見大海告以攻城之策

高皇帝聞其人召與語頗合寘幕府授諮議叅軍一夕病卒冕狀貌魁偉美鬚髯磊落有大志不得少試以死宋太史濂曰予受學城南時見孟寀言越有狂生當天大雪赤足上潛嶽峰四顧大呼曰遍天地間皆白玉合成使人心膽澄澈便欲仙去及入城戴大帽如簁穿曳地袍翩翩行兩袂軒翥譁笑溢市中予

甚疑其人訪識者問之即晁也晁眞怪民哉馬不耍駕不足以見其奇才晁亦類是矣祀鄉賢

鄭燮餘姚人爲人清逸夷曠以文學教授稱有師法有同里倪叔懌者與燮莫逆亦以孝友見稱於時私謚曰孝莊然文采稍不及燮燮又善作蘭蕙人爭購之

楊璲字元度餘姚人喜學問師事柳待制貫與海內博洽者辯說數困之註詩傳名物類考侍御史姚黻剡文上之後以鄉貢歷寧海縉雲及本州學官值南北盜起乃避地邑之梅川以著述終兄瑛弟瑀孫軾

同皆有名而軾同尤以詩顯于景泰天順之間

申屠澂字仲敬諸暨人父性受業黃文獻公之門澂與兄溶得其淵源謹言端行並爲鄉里所敬憚而澂尤寡合賤而賢者禮之貴而言或少偏雅如不聞望之容色毅然至有所請則温然愉婉辨析必盡工古文詞春容簡奥精篆籀小楷足配秦晉辟本路教授辭疾不行晩節益堅所著有孝全摭言數卷

陳大倫字彦理諸暨人始學於從兄洙後事吳淵頴先生絶意仕進以教授爲業元末避兵流于里作晩香亭日與賓客暢飲高歌舉座絶倒嘗語人曰吾平

生無他嗜惟攻文成癖孶孶仡仡垂四十年昔之人如此者何限今皆安在哉每搔首自傷識者亦共傷之所著有春秋手鏡尚雅集

施鈞字則夫會稽人博學能文詩得唐人體有飲氷餘味集隱居不仕

陳潛諸暨人嘗著詩經論辨朱子傳疑

皇明錢宰字子予山陰人幼好學淹貫墳典弱冠有文名至正間以進士歸隱一時俊彦如唐之淳韓宜可輩皆出其門

高皇帝首以明經徵令撰功臣誥命與諸儒同修禮

樂諸書尋以病歸洪武六年授國子助教務以禮度繩諸生數上疏乞休洪武二十七年再召校書翰林是時老儒凋謝宰與學士劉三吾特承眷倚每進見必賜坐侍食年幾耄疏乞骸骨再三乃允仍遣行人護之歸宰嘗病近代新聲繁猥刻意古調擬漢魏而下諸作有臨安集行於世子尚絅歷官都門令學與政並有聞祀鄉賢

唐肅字處敬山陰人洪武初召至京師纂修禮學尋擢應奉翰林文字眷注隆重已而罷歸卒肅博學善詞翰與姑蘇高季廸楊孟載並稱於時所著有丹崖

集　子之淳字愚士潛心著述同時蔡庸毛鉉鎦績俱有詩名而之淳爲稱首以方孝孺薦授翰林侍講嘗集古今治亂爲書將獻之不果而卒所著有斅齋萍居二集及文斷十卷祀鄉賢

謝肅字原功上虞人學問該博洪武中舉明經授福建按察司僉事克持風紀所著有密菴稿與唐肅齊名時號會稽二肅祀鄉賢

劉履字坦之上虞人少貧力學有詩名至正末避亂太平山自號草澤閒民洪武初被召至京卒于會同館嘗效朱子傳註補註選詩爲風雅翼十四卷行于

世祀鄉賢

夏時字中甫上虞人博學善屬文已而失明自號守黒子與二弟中孚中曄唱和爲文一篇成輙命筆之有守黒稿

鎦績字孟𤋮山陰人父煥善吟咏績少負才氣無所不學善屬文尤精於詩詞樂府與同郡蔡庸毛鉉唐之淳相友善並有文名時稱唐鎦毛蔡績所著有詩律霏雪高陽集穿雲集合數十卷子師邵亦善屬文所著有盧胡紀遊諸藁祀鄉賢

黄珏餘姚人初學春秋後見四明黄彦實說尚書心

好之乃更授尚書隱居教授浙之言尚書者多宗事之喜玩邵子皇極經世書旨趣精妙貫徹天人有以自樂

宋玄僖字無逸初名元僖餘姚人少有至性嗜學多闚覧外嗛嗛若不足中敏悟絕人元至正間中乙榜授繁昌諭才十九日即棄歸是時海内大亂玄僖無復用世志退而遁諸山澤家貧無衣食資唯授徒以自給樞省嘉其苦節辟爲鄉邦文學不行　明興以史事徵乃出應　詔事竣復被命典福建鄉試稱有鑒别晩窮濂洛之學爲文縝密有尺度詩亦清遠有

文集行於世

趙宜生字德純本宋宗室家餘姚粹於經史文藝之學時方大亂混跡芻牧間自號騎牛野人　國初辟爲邑訓導宜生欣然就職勸餙指誨聞者鼓動姚江學士繇此彬彬矣

趙俶字本初山陰人宋宗室也八歲能詩文指物輒賦稍長博涉經史爲文逼秦漢賦尤擅美部使者河中何約按部至越俶時爲諸生延見之從容問諸史俶能詳其上下三千年君臣行事下至夷狄山川形勝如其身所履者約歎曰窮年讀史不如聽趙生談

也尋登進士時方右武儒者絀不用儆遂隱居　明
興徵拜國子助教是時典成均者皆極殊選而儆與
蘇伯衡爲冠弁云
趙謙餘姚人初名古則幼孤貧寄食從山寺與學佛
徒同學書克已復禮之目爲用工準的聞金華鄭四
表學有根源往師之得其傳歸隱鳴山萬書閣潛心
大業饑寒迫之其容晏如也　國初徵脩正韻稍試
其學尋罷歸築考古臺述六書之旨注聲音文字通
及易學提綱諸書凡三百餘卷大臣有薦謙者　上
曰吾欲老其才而用之後召爲瓊山教諭明年進所

注書詔翰林博議不報復還瑣山作瑣臺布學範教化大行嶺表以南稱爲趙夫子初謙之來京師學士宋濂遣子仲珩受業謙歸之明年仲珩校正韻多采謙說謙於世利澹然直義所在目無王公然終以此厄窮無悔卒于番禺年四十五

胡粹中山陰人博通經史尤長春秋洪武初聘爲儒學訓道終楚府左長史所著有讀史筆記元史評與復齋稿若干卷當

高皇帝時諸儒應聘而起在餘姚則許泰王至宋棠張員在山陰則毛鉉白範王儼王誼在新昌則章廷

端周彝在上虞則薛文舉在嵊則王璘單復亨在諸
暨則陳嘉謨陳韶張辰諸君子者入則叅史局出則
樹師模僉彬彬盛矣詳在邑志中茲不復著
毛肇宗字克敬山陰人幼孤篤學居僧舍卒業三年
不出戶永樂中登進士時方重藩臣選授周府教授
王嘗遣肇宗入謝封拜　上念其有輔導功賜酒饌
勞之肇宗喜吟咏寄興高遠有耶溪集二十卷
朱文淵字叔龍山陰人洪武間以太學生詣闕陳時
政忤旨謫戍雖歷顛沛志行益堅宣德丙午大臣薦
其直節宜錄用授滑縣訓導尋講學行禮以身先多士

化及齊民擢國子學錄尋致仕歸年已大耋猶手不釋卷郡大夫政有所疑輒造其廬問焉不敢以呵導先其爲隆禮如此子宣亦世其春秋學以孝義聞

自永樂訖於正嘉之際諸儒以科貢出爲師儒足端士範者在山陰則祁福陳定徐光大在會稽則胡季舟徐霦在餘姚則李應吉夏廷器在新昌則吕廸吳宗信潘日升在上虞則俞繪在嵊則周嶧具載邑志中兹亦不復著

駱象賢字則民諸暨人篤行好學於書無所不窺爲文直述事情不求華緻時嘗斟酌六禮之要表帥鄉

俗鄉人化之爲園於楓溪之上圖書滿屋至老玩讀不輟家素饒值歲饑出粟千石以賑 朝廷賜勑旌異仍復其家所著有羊棗集篤終易覽溪園遺稿歸全集等書 祀鄉賢

丁徵字允中新昌人天性篤實少習舉子業稍長棄去力行孝弟衣冠言動必以禮諸大家爭聘爲子弟師辭曰親在不敢遠離乃就近舍授學每旦必具衣冠揖父母而後去得一珍味必携歸奉親晨昏定省夜必兩起至寢室外潛候動靜雖隆寒不廢途遇諸族父負擔亦拱而立恂恂應對惟謹蚤歲妻亡不再

娶見内人必擁面避之宗戚憐其貧或賙給之謝不受邑令欲賓致之屢辭不可得乃徒走百里至城老幼聚觀若神物然所著有四書講義詩易註解從吾心說

王宥字敬助山陰人篤學力行有文名郡大夫皆賓禮之鄉稱隱君子云

鄭嘉字元亨山陰人凝重寡言性至孝毋病嘗糞甘苦衣不解帶毋未復初不就枕篤行好古其詩有古風與錙績唐之淳相上下鄉稱柿庄先生時柯亭王佑爲侍郎與嘉同里而里中人無少長皆鄙佑而重

嘉云

羅頎字儀甫山陰人祖紘父新並以儒學爲鄉人所推頎性淳樸鮮嗜慾力敦古道能讀祖父書過目輒成誦當其會意時雖食寢亦不自覺經史百家古今載紀及老佛諸書稗官小説罔不攬奇鈎玄著之篇章爛然成一家言弟子及其門者各有所就襃衣博帶從容曳履見貴勢無加禮人亦不敢以貴勢加之大守戴琥崇禮隱逸于頎猶注敬焉嘗聘修郡志未成而歿然文獻賴以有徵羅氏三世隱梅山各以文學鳴于時卓爲吾越儒宗云紘著蘭坡集十二卷會

稽百詠一卷紘長子周著梅隱稿十八卷次子新著介軒集八卷頎所著尤浩繁其易齋札記及諸所訓詁詩話二百餘卷稱梅山叢書頎之後有傳易梁文實者並以質行博聞爲後進楷範郡大夫有所疑必就咨焉至今人稱之曰傳老儒梁老儒云頎祀鄉賢

徐壽卿字光岳新昌人郎中志文之子自幼聰敏好學尚氣節不妄交遊請於父曰兒不能爲舉子業取科第願盡讀天下書使行已無媿古人可乎父許之乃結如斯亭處修其中日夜研究群書至忘寢食既而充然有得乃從父友陳獻章莊景輩遊聞見踐履

益到年方壯人咸目爲巨儒杲尤加愛重作春風亭以居之其斯文賡唱往復載杲集中

朱純字克粹山陰人博雅有儒行詩清婉風格高古教授於鄉與邑人羅頎張昺高韋結鑑湖吟社太守戴琥深敬禮焉所著有淘鉛驪背自怡等集其孫節起家進士官監察御史按山東振舉憲紀統兵勦賊卒于師　朝廷憫其死國事贈光祿少卿節祀鄉賢

夏寅字正寅山陰人性至孝父歿而葬恨力不能豐其墓言輒淚下一夕洪水湧土積墓上高七尺人以爲孝感所致其學無所不窺雅好吟咏或評其詩云

淡如陶令霜中菊清似王維雪後蕉一時名士皆宗之二子煥灼煥字堯章灼字孔章並以孝友能詩世其家人擬之元方季方寅有長子失明煥灼保持之如嬰兒撫其子如已子煥未三十喪偶不更娶嘗詠春花秋菊詩至二三百首既而歎曰作詩貴關世教安事花草自是有作必借古爲喻託物以諷大有裨於風教灼著詠史詩多前人所未發邑大夫蕭鳴鳳贈以詩云近將一管春秋筆遠紹千篇雅頌音又云日月有光看舊案乾坤無際得新箴盖確論云

王文轅字司輿山陰人七歲時拾遺金一鎰坐待失

者歸之其人欲昇以半郄弗受既長多病遂習靜隱居勵志力行鄉人咸樂親之每讀書多自得不主陳言故其説多與時左惟王文成與之友莫逆也文成領南贛之命文轅語其門人曰陽明此行必立事功問其故曰吾觸之不動矣及文轅歿文成講學時多訕之者嘆曰安得王司輿復作乎所著有茹澹稿猶邃皇極經世律呂諸書云祀鄉賢載浙江通志

胡純字惟一會稽人少從新建學天性孝友家貧無書每假抄以誦晝夜不輟自弱冠即爲塾師賴其資以奉親終其身其爲人終日齋坐不妄言笑不茍交

動止必飭其教人必率以規矩歌詩習禮不徒事章句諸弟子旦夕供使令至種藝滌浣皆欣欣任之不辭師弟子之間庶幾復見古道以故出其門者多知名士所著有雙溪稿詩禮抄泗洲志崇安志迨卒郡守洪珠高其行題其碣曰明逸士胡純墓

張璨字蘊之嵊人天性孝友父跛不能行背負終身弟亦病癡贍之至老嘗從羅絃學經史一覽不忘爲詩文操筆立就所著有騃齋集二十卷擬騷二十章大爲詞家所膾炙璨伯父胄字仲冀清脩好古亦善屬文以明經薦不起有西溪集 璨祀鄉賢

范瓘字廷潤會稽人少從新建學卓然以古聖賢自期晚歲所造益深家貧無旦夕儲蕭然自若人莫能測嘗謂人曰天下有至寶得而玩之可以忘貧作古詩二十章歷敘道統及太極之說以自見幼孤事毋盡孝教授於鄉以給甘毳二兄早喪極力殯之撫其姪如已子已爲婚娶而姪又早喪而婦將他適所得聘金悉以畀之曰吾恨貧不能止汝更嫁也而忍利其入乎平居無戲言步趨不越尺寸里中人無老幼皆以范聖人呼之與人煦煦無倨容士大夫咸樂從之遊然或以粟帛周之堅却弗受也年八十有六將

屬纊猶誡其子曰我死寧薄斂毋妄受人賻以汚我其平生廉潔如此有司屢表其閭立石里中曰范處士里祀鄉賢

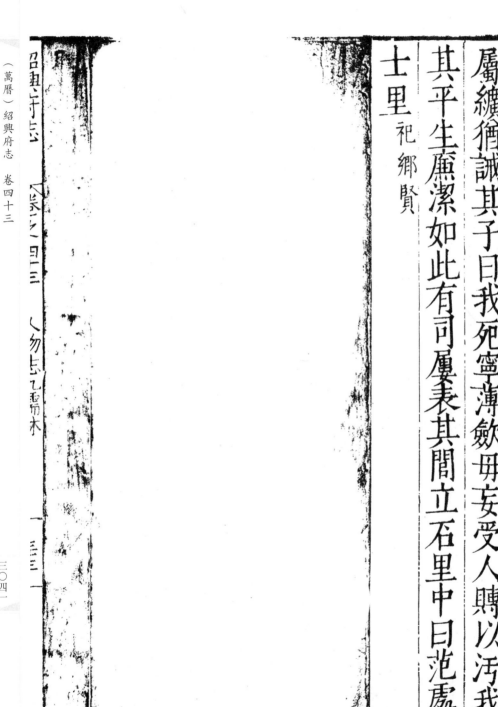

紹興府志卷之四十三

紹興府志卷之四十四

人物志十

鄉賢之五　忠節

吾越諸山不若嵩華之高而類皆奇崛崢嶸亭亭大節首各不相下故其人亦多負氣自好不習爲脂韋往往見憎於世曰越之人越之人云然天下有事則越人必爭先攖其鋒無論往代卽近世靖難師入陳侍郎躍馬於白河宸濠變起孫中丞隕身於江右斯其表表著者也旁覽記籍自漢迄今得若干人悉志其顚末以風將來而一時敵愾死義之士亦附見焉節有

大小其徇國之忠一也。嗟乎，斯非越之人乎。而彼隳節敗名，爲山川羞者，則吾不暇論矣。

【吳】董襲，字元代，餘姚人。身長八尺，英烈過人。從孫策討平山寇，拜別駕司馬。策薨，事權，以平彭虎功，拜威越校尉，遷偏將軍。從討黃祖，祖橫兩艨衝夾守沔口，以栟櫚大紲繫石爲矴，上屯千人，強弩交發，飛矢雨下，軍不得前。襲與凌統各將死士百人，人被兩鎧，乘大舸突入艨衝間，襲以刀斷兩紲，大軍繼之，遂斬黃祖，功第一。曹操出濡須口，襲從權赴之。其夜暴風，襲所督五樓舡俱傾，衆驚潰，乞襲亟出。襲怒曰：將軍令備賊可委去邪敢復言者斬於是莫敢言者舡敗襲死權哀慟改服臨殯供應甚厚陸機曰吳大帝之能割據山川跨制荆吳與天下爭衡者襲有殺身衛主之功云

虞忠字世芳餘姚人翻第五子也仕吳爲宜都太守晉伐吳忠與夷道監陸晏晏弟中夏督景堅守不下城潰忠死之忠子潭仕晉封武昌侯別有傳

鍾離徇山陰人牧之子也拜偏將軍戍西陵與監軍唐盛論地形勢謂宜城信陵爲建平援不然敵將先入盛以建平將施績有智畧而不言信陵當城弗從

徇討後晉果修信陵城建平遂危及吳亡徇領水軍臨陣督戰死

【晉】嵇紹字延祖魏中散大夫康之子也以父得罪靖居杜門山濤領選啓武帝曰康誥有言父子罪不相及嵇紹賢侔郤缺宜加旌命請爲秘書郎帝曰如卿所言乃堪爲丞何但郎也乃發詔徵之起家爲秘書丞紹始入洛或謂王戎曰昨於稠人中始見嵇紹昂昂然若野鶴之在鷄群戎曰君復未見其父耳裴頠亦深器之每曰使延祖爲吏部尚書可使天下無復遺才矣惠帝復祚遷侍中嘗詣齊王冏諮事遇冏讌

會召董艾等共論時政艾言於冏曰嵇侍中善於絲竹公可令操之左右進琴紹推不受冏曰今日爲歡卿何若此邪紹對曰公匡復社稷當軌物作則垂之於後紹雖虚鄙忝備常伯腰紱冠冕鳴玉殿省豈可操執絲竹以爲伶人之事若釋公服從私宴所不敢辭也冏大慙艾等不自得而退及朝廷有北征之役天子蒙塵王師敗績於蕩陰百官侍衛莫不散潰唯紹儼然端冕以身捍衛兵交御輦飛箭雨集紹遂被害於帝側血濺御服天子深哀歎之及事定左右欲浣衣帝曰此嵇侍中血勿去初紹之行也侍中秦準

謂曰今日向難卿有佳馬否紹正色曰大駕親征以正伐逆理必有征無戰若使皇輿失守臣節有在駿馬何爲聞者莫不歎息

張茂字偉康山陰人少有志行爲鄉人所尊信初起義兵討陳敏郡賴以全元帝辟爲掾屬太子衛率出補吳國内史沈充反茂與三子並遇害茂弟盎爲太守周札將軍充害札盎亦死之茂妻陸討充謝朝廷贈茂爲太僕 祀鄉賢

謝邈字茂度上虞人性剛骾無所屈撓有理識累遷侍中時孝武帝酬樂之後多賜侍臣文詔辭義有不

雅者邈輒焚毀之其他侍臣被詔者或宣揚之故論
者以此多邈後爲吳興太守孫恩之亂爲賊所執逼
令北面邈厲聲曰我不得罪天子何北面之有遂遇
害

南北朝

孔琇之山陰人少有吏能歷尚書左丞廷尉
卿出爲臨海太守在任清約齊武帝知之深歎息焉
隆昌元年遷琇之爲晉熙王冠軍長史行郢州事欲
令殺晉熙令琇之辭不許遂不食而死

虞悰字景豫餘姚人少事父秀以孝聞仕宋爲黄門
郎明帝誅山陽王休祐比葬隆寒雪厚三尺故人無

至者惟悰一人赴葬初齊武帝貧薄悰數相分遺出必呼與同載及即位以爲太子中庶子遷祠部尚書領右軍明帝篡立稱疾不陪位帝以悰舊人使尚書令王晏示以廢立欲引參佐命悰謂晏曰主上明聖公卿戮力寧假朽老以贊維新因慟不勝朝議欲糾之僕射徐孝嗣曰此古之遺直也不可乃止

王琳字子珩山陰人本兵家子梁元帝居藩琳姊妹並入後庭見幸琳由此未弱冠得在左右少好武遂爲將帥琳輕財愛士得將卒心佐吏數千皆能識其名姓以軍功封建寧縣侯從王僧辯破侯景拜湘州

刺史帝爲魏圍逼徵琳赴援師次長沙聞帝遇害乃率三軍縞素舉哀傳檄四方爲進取計陳覇先旣殺王僧辨擁立敬帝以侍中司空徵琳不赴乃大營樓舡將圖義舉覇先遣侯安都周文育討琳逆戰於沌口敗之擒安都文育遂克江州及敬帝被弒琳乃請於齊迎永嘉王莊於民間方七歲立爲梁王而輔之舉兵東下與陳師遇琳乗風舉火擲敵舡風忽逆反燒遂大潰琳乃奉莊入齊齊以琳爲會稽郡公陳將吳明徹攻齊琳與將軍破胡禦之破胡不用琳計輙大敗琳單騎走彭城明徹進兵圍之堰淝水灌城城

陷被殺百姓哭聲如雷有一叟以酒脯號酹盡哀收其血懷之而去陳人懸琳首於建康市故吏朱瑒致書徐陵請許其葬瘞八公山側會葬者數千人尋有壽陽人茅智勝等客送其柩還鄉里祀鄉賢

張嵊父稷齊剡令至嵊亭生子因名嵊字四山後遂家焉嵊雅有志操起秘書郎遷湘東王長史還爲太府卿吳府太守侯景圍建業率兵赴援授征東將軍嵊曰天子蒙塵何情復任榮號或勸迎降嵊叱曰吾以身許國有死無二賊劉仁茂下義興遣使說嵊嵊斬其使遣軍破之景助仁茂擊嵊軍敗執送建

業景猶欲活其子嵊曰吾一門已在鬼籙不就爾虜
求恩景怒盡殺之梁元帝追贈侍中開府儀同三司
謚忠貞祀鄉賢
張彪居若耶山中臨城公大連出牧東揚州以爲中
兵參軍侯景將宋子仙攻下東揚州還入若耶山義
舉貞陽侯卽位以爲東揚州刺史陳文帝入會稽彪
擊走之沈泰申進等共叛彪彪敗遂與弟崑崙及妻
楊氏還入若邪山一犬名黃蒼在彪前後陳遣章昭
達領兵購之并圖其妻劫來黃蒼便嚙一人中喉死
彪映火識之曰卿須我者但可取頭誓不生見陳蒨

謂妻楊曰我不忍汝落他處今當先殺汝然後就死楊引頸受刀不辭虎不下刀便相隨下嶺虎謂楊曰從此而訣若見沈泰申進等爲語功名未立猶望鬼道相逢劫郎殺虎幷其弟首致於昭達進兵迎楊楊便改啼爲笑謂昭達殯虎既畢黄蒼俯伏冢間號叫不肯離楊還經虎宅謂昭達曰婦人本在容貌今辛苦日久請暫過宅莊飾楊入屋遂割髮毀面哀哭慟絕誓不更行文帝聞之嘆息遂許爲尼虎起於若邪興於若邪終於若邪及妻犬皆爲時所重異

【五代】謝銓會稽人仕南唐官至銀青光祿大夫金吾

大將軍李氏以國歸宋銓守義挈家遁居祁門士論高之

[宋]董公健字伯強新昌人宣和庚子冬方臘起桐廬蔓延新昌官吏奔竄莫敢當公健慷慨率子弟聚里中萬人馭以紀律遂破賊焚其寨斬首千級境內復安王師討剿西賊檄公健爲先鋒公健藉累勝之威輕視賊以數百當數千殺獲頗衆已乃王師不進勢孤援絶公健度事不可爲呼衆語曰大丈夫寧以義死不可以不義生遂自殺人皆嘆息垂涕贈武功大夫汝州團練使官其諸子 祀鄉賢

陳過庭字賓王山陰人第進士累官吏部右司員外郎嘗使遼還時傳遼主苦風痺又入箭損一目過庭正其安且勸帝飭邊備歷遷御史中丞兼侍讀睦寇竊發過庭言致寇者蔡京養寇者王黼竄二人則寇自平又論朱勔父子本刑餘小人交結權近竊取名器罪惡盈積宜昭正典刑以謝天下由是忤旨安置黃州及欽宗立以兵部侍郎召在道除中丞過庭論近日爵命不由勳績及辨宣仁后誣謗又劾姚古擁兵不援太原之罪擢右丞中書侍郎議遣大臣使金耿南仲以老聶昌以親辭過庭曰主憂臣辱願效死

帝爲揮淚歎息固遣南仲昌及城陷過庭亦行因被
畱不還四年六月卒於燕山明年贈開府儀同三司
謚忠肅祀鄉賢
張宇發字叔光會稽人舉進士靖康初爲都官員外
郎金人再犯闕詭執和議要大臣宣諭兩河上以命
聶昌耿南仲皆辭惟陳過庭請行於是宇發爲副拜
徽猷待制兩人銜命在道虜情中變鑾駕北征遂被
縶畱異域聲聞阻絕後洪皓還自金言宇發殁於雲
中見其櫬旅寄荒寺攜至燕山授僕人徐禹功使塟
焉因再疏請褒贈秦檜沮之檜死皓子遵復請詔贈

左朝請大夫職賜如故官其子孫焉祀鄉賢

於琳蕭山人爲本州防城保甲建炎初陳通叛琳從浙東安撫討賊戰敗被執賊欲刺面強降之琳罵不屈賊衆攢射矢着如蝟罵不絶口死之

豐治禮部尚書稷之孫也建炎中高宗駐蹕淮揚金人入境時治監轉般倉死之紹興十一年詔褒其忠官其子誼爲將仕郎

會忞字仲常肇之孫也以父任爲郊社齋郎累遷通判溫州携家次于越建炎三年金酋琶八陷越城下令在城官僚詰旦皆詣府見不至者死忞獨不往逮

捕見琶八辭氣不屈抗言國家何負汝汝乃欺天叛
盟恣為不道我宋世臣也恨無尺寸兵以殺汝安能
貪生事爾狗奴也時金人帳中執兵者皆愕眙相視
琶八日且令出左右驅忠及其家屬四十餘口於南
門外同日殺之越人作大窖瘞其屍其弟餘杭令息
收葬于天柱山忠死國與衛士唐琦時事相同琦有
旌忠祠而忠以流寓迄無建白之者嘉靖壬寅知府
張明道始剏大節祠並琦祀之於是越人始知有曾
公云祀鄉賢

唐琦本衛士建炎間高宗航海琦病留越州李鄴以

城降金人琶八守之琦袖石伏道旁伺其出擊之不中被執琶八詰之琦曰欲碎爾首死爲趙氏鬼耳琶八曰使人人如此趙氏豈至是哉又問曰李鄴爲帥尚以城降汝何人敢爾琦曰鄴爲臣不忠吾恨不得手刃之尚何言斯人爲乃顧鄴曰我月給才石五斗米不肯背其主爾享國厚恩乃若此豈復齒人類哉詬罵不少屈琶八趣殺之至死不絶口事聞詔爲立廟賜名旌忠

龔生上虞人伉健有智畧建炎中金兵渡淛江次上虞所至焚掠民皆竄山谷生獨奮臂諭其里人李氏

伍氏郭氏曰虜將屠吾邑吾屬雖力不敵有死不可去遂募民之果悍者得數人迎縣令丞依險自固分署隊伍整兵環向以待之虜至出其不意驅衆先登嶺嶠投石擊之且率衆薄虜軍軍驚却斬其將殺傷甚衆生亦戰死

張愻一名景說字欽甫嵊人紹定四年爲定城縣尉攝麻城縣事適虜攻破砂窩關深入麻城兵不支被執欲脅使降愻叱曰吾氣吞若曹顧力屈耳吾從汝爲不義耶遂遇害事聞贈通直郎 祀鄉賢

唐震字景實會稽人少居鄉介然不苟交有言其過

者輙喜既登第有權貴者擬牒薦之以示震震納之篋中既又干震以事震手還其牒封題如故其人大愧咸淳中由大理司直判臨安府是時潛說友尹京倚賈似道驕蹇亂政震每矯正之時江東大旱擢知信州震奏減綱運米蠲其租賦令坊置一吏籍其戶口勸富人分粟使坊吏主給之所活無筭擢江西提刑過闕陛辭賈似道以類田屬震震謝不能行至部又以疏力爭之趙氏有守忤僧甚暴橫震遣吏捕治似道以書營救震卒按以法似道怒使侍御史陳堅劾去之咸淳十年起震饒州時興國南康江州諸郡

皆已附元兵畧饒震發州民城守上書求援不報元遣使說降通判萬道同勸從之震叱曰我偷生負國耶立斬元使堅守不下明年春元軍大至城中食且盡都提舉鄧益胥遁震盡出官錢募戰士莫有應者城遂潰元兵入執震署降震奮駡曰我恨力寡不能盡殺爾賊乃降爾耶遂與其兄椿及家人俱遇害張世傑復饒州判官鄔宗節求震屍以葬贈華文閣待制諡文介立廟賜額褒忠官其二子 祀鄉賢

趙良坦字平甫孝宗諸孫寓居上虞寶祐二年進士知永嘉瑞安福清並以廉介名會吉廣二王走閩中

檄良坦以軍器監簿贊軍事於是募兵守禦元兵南指力屈就擒脅降不屈繫獄中二年作書付其家曰試令三載無愧於心守節三年不屈於敵只因忠義二字累及老稚一門吾今惟死而已后元帥詰其不屈狀對曰生爲宋臣死爲宋鬼速求一死遂欣然就刑

祀鄉賢

趙孟崧山陰人福王與芮之從子也元兵入臨安孟崧謀舉兵於越事泄被執至臨安范文虎詰之孟崧詬曰賊臣負國共危社稷我帝室之胄欲一刷宗廟之耻乃更以爲逆乎文虎怒驅出斬之過宋廟呼曰

太祖太宗之靈在天何以使孟嵩至此杭人莫不隕涕旣死雷霆晝晦者久之

吳觀字叔大新昌人嘗爲稽山書院山長與邑人陳非熊皆業儒有氣節元兵入浙東恭帝北轅檄報相對慟哭即與協謀奉宋宗室趙節使圖恢復集義勇千餘繕城固守力戰而死非熊弟羆虎子圭壆姪播坑數十輩皆被害惟子壎留新昌獲免痛父死難屏居讀書後至元十四年婺寇掠新昌邀擊陳宣尉壎率宗人赴援聞宣尉死憤激決戰皆歿于敗兵嶺可謂世濟忠烈云觀非熊並祀鄉賢

何雲字仕龍諸暨人德祐間北兵至傾貲倡義築柵率鄉人抵禦不支與其子嵩並死於難

朱光字吉父諸暨人明經敦行元伯顏下江南遣裨將上官基招撫浙東至縣光與同邑張軫等率鄉民抵禦光被執口占曰生爲大宋臣死爲大宋鬼一片忠義心明月照秋水賊怒以火燃之三日始絶軫亦死之光嘗註西銘人多佩誦云

余廷簡餘姚人咸淳間進士任溧水丞元兵至不屈死之

元 董旭字太初公健之後也少負英氣博通群書與

邁里古思最友善古思欲興師討方國珍臺臣怒其不禀命殺之旭作詩傷悍辭極哀楚遂歸隱山中已而國珍據台慶欲羅致幕下旭拒不受乃作詩曰欝欝芒碭雲未辨蛟龍形熒熒祥星光未燭夾馬營君子慎其微草露不可行國珍復強之終不屈遂遇害

胡存道字師善諸暨人至正甲午辟爲松江路學官苗兵入城縱火大掠獨守學舍不去死之前一日題其壁曰銜命來分教臨危要致身但圖存聖像不愧作儒臣郡人立祠繪像刻之於石

顧生上虞人平生以忠義自許至正間鄞寇方國珍

侵上虞特邁里古思守郡城帥兵拒之生聚鄉兵出
應與賊兵戰于曹娥衆寡不敵遂遇害里人瘞其屍
江岸後岸被濤上下皆齧而生冢獨完人咸異之
皇明王綱字性常餘姚人洪武初以文學徵見　上
親策治道拜兵部郎中未幾潮民弗靖擢綱廣東叅
議往督兵餉綱致書與家人訣携其子彥達與俱單
舸往諭降之還至增城爲海寇曹眞所得日爲壇坐
綱上羅拜脅爲謀主綱開諭禍福曰爾何爲者今天
子削平僭亂爾當爲良民同享太平奈何自取死耶
賊怒遂遇害彥達哀號請代不得且哭且罵曰賊幷

殺我其酋長曰父忠而子孝殺之不祥與之食不顧
賊憫其誠孝釋之乃綴羊革裹綱尸以歸後有　詔
立廟死所額曰父子忠孝彦達子與準閉門力學有
司以遺逸薦逃之山中終身不仕
董會字貫道旭之弟也師鄉先生潘嚞通習經史善
古文元末不求仕進方國珍欲官之不受避居東陽
山中
聖祖駐驆金華以禮招致會往見説以經畧授知無
爲州遇陳友諒寇城被執不屈而死州人立碑頌德
有詩集天姥山賦行世祀鄉賢

陳性善本名復初以字行山陰人洪武中進士授行人司副已而入翰林爲檢討嘗奉勅入内閣錄劉太史秘書時天威嚴重進見者無不震恐失措性善獨俛首從事從容詳愼既竣書法姸好

太祖甚悅未幾超拜禮部左侍郎以薦賢爲己任

皇孫在東宮已聞性善名及卽位悉心委任嘗賜坐問當今治道之要性善條陳世務酌其緩急先後奏之悉見施行既而行不竟性善又切諫謂爲法自戾無以信天下

文皇帝靖難師起大戰白溝河李景隆潛納款性善

時爲監軍知事不可爲躍馬入於河死之後加追戮
徙其家於邊尋悟其忠悉赦還
黄里字德鄰山陰人幼有大志以節義自許從王冕
學通春秋三傳工詩詞洪武初舉明經授雲南州同
知與弟亨偕往七年山寇突入倉卒里以身禦之寇
欲奪其印里執弗與且詬駡求死遂遇害寇方肆擄
掠亨痛忿致死命率衆百餘與寇戰勇氣百倍寇不
支潰去亨亦傷其左目瀕死抱兄骨歸葬人謂里死
官而亨破寇忠義萃于一門惜未有以其事上聞者
殷旦蕭山人永樂初進士爲監察御史敢言自任不

避權勢錦衣衛都指揮紀綱怙寵奢僭旦劾其奸惡數十事綱遂棄市自是貴倖斂戢當時有殷旦入朝百官失色之語拜交趾按察司副使黎利叛安南復没于交趾悉逐　朝廷命吏易以所親獨留旦欲用之旦不屈自經死交人義之具棺衾送其妻子出界上　祀鄉賢

龔全安字希寧其先蘭谿人從父戍越遂爲越人永樂末舉進士授給事中遇事敢言擢通政司參議轉通政歷官以清謹聞正統己巳從　駕北征次土木駕陷死之景泰初遣官諭祭贈通政使錄其子

謝澤字時用上虞人贅會稽余貴張氏因家竇姜村永樂中舉進士授刑部主事歷郎中在職推立法意慎持不刻同列服其詳雅會戶部侍郎周忱經畧東南運賦薦澤爲巳副居淮浙數年勞績茂著出爲廣西右叅政佐栁侯征夷招撫全活者以萬計當是時澤與甄完胡智皆以藩憲有聲人稱越中三良云正統十四年虜内訌北邊戒嚴　朝廷擇才望守要害貴臣有受命者巧爲規避而澤以九載考績待除闕下遂拜澤通政使提督居庸白洋等關是時　駕巳北狩京師軍伍空虛澤單騎以往其子棊送之出境

執其手與之訣曰吾必以死報國矣既抵關上士卒方散亂又不知通政爲何官無一人出迎者澤乃宣勑旨集將士將士乃稍稍至然皆慄怯不振頃之虜大入吏卒皆散走獨澤猶率羸卒殿山口且拒且郤或請移他關姑避其鋒可無虞澤曰吾受國厚恩三十年此豈偷生日耶會風起沙塵漲天人馬不能辨遂得郤走入關南佛寺中門急猝不暇閉虜突至澤端立厲聲叱之遂遇害虜騎方充斥其僮曰由吉者抱澤尸匿亂尸中始得歸　朝廷嘉其忠詔賜葬祭錄用其子儼大理評事曾孫元順正德丁丑進士終

工部郎中　祀鄉賢

毛吉字宗吉餘姚人景泰五年進士授刑部主事是時錦衣衛指揮門達等怙勢作威其黨有犯有司莫敢問獨吉能懲其犯者如他犯於是其黨交嚙之吉偶以失　朝下詔獄乃群噪健卒挺之幾死轉廣東僉事分巡潮惠勦賊楊輝據程鄉之寶龍石坑龍歸三峒攻掠城邑吉督七百餘騎破賊三千衆擒其黨曾王謝瑩而寶龍之賊伏山上發毒弩我軍不利乃選死士百人掩擊之楊輝殪衆遂驚潰凡破三峒斬首五百級俘六千人又擊破雷州巨寇部内悉平捷

聞降勑奬諭陞副使總理軍務賊又攻河源縣吉屢敗之餘衆遯于陽江之雲岫山我師狃勝突入賊營陣亂賊合乗之我師潰從騎勸退避吉不聽死之是日晝晦烈風雷雨大作山谷皆震動踰七日得屍貌猶若生事聞贈廣東按察使謚忠襄遣官諭祭錄其子科入太學廣東及餘姚皆廟祀之初吉之遇害也貧無以歸僚長以犒軍餘銀寄付吉家僮爲道路費吉神降于僮婦亟呼曰夏憲長吾生平王潔肯含垢入地下哉悉索還之闔署駭觀謂其死無易節如此科後亦舉進士有名官終提學副使祀鄉賢

孫燧字德成餘姚人弘治癸丑進士自刑部郎歷藩臬並以廉幹著聲宸濠逆謀日露朝議選才節大臣摧其機牙擢副都御史廵撫江西燧聞命嘆曰投艱於我死生以之携二家僮行過玉山題詩草萍慨然以忠義自許既入南昌人情方汹汹諸奸黨內外盤結燧殫力苦心密爲牽制之計首城進賢又城南康又城瑞州請復饒撫兵備又請勑湖東道分廵兼理兵備與饒相犄角九江當湖衝最要害請重兵備權兼攝諸州郡便控制廣信橫峯青山諸窯地險人悍請設通判駐其地兼統六縣恐濠一旦起掠兵器盡

出之外府凡七上疏言濠必反輒爲奸黨所邀匿弗達乞休又不允積憂勞數月鬚髮盡白御史蕭淮發濠反狀朝廷遣重臣卽訊濠懼將舉兵會生辰宴官屬明日入謝濠匿諸兵校幕中出立露臺宣言 太后密旨詔我監國燧請密旨看濠曰不必多言我往南京汝保駕否燧張目厲聲曰天無二日國無二王太祖法制在誰敢違之濠怒叩入殿中易戎服以出幕中兵皆出露刃環立濠大呼罵曰我何負於汝汝奏我七本燧曰朝廷何負於汝汝反耶一時官屬駭愕相顧咸股栗不敢出口獨副使許逵奮起爭孫巡

撫朝廷大臣汝安得辱侮無禮濠遂喝武士縛燧及
逵出惠民門外斬之皆挺立不屈駡不絕口遇害日
方烈忽陰曀黯慘無光城中男女無大小皆流涕士
卒皆扶携哭弔盡哀燧死節久之阻於倖幸未得褒
贈嘉靖元年始贈禮部尚書謚忠烈立祠祀江西錄
其子世錦衣千戶先是弘治壬子浙試塲夜半見二
巨人衣緋緑東西立自言曰三人好作事忽不見已
而燧與王守仁胡世寧同舉及濠之變胡發之孫死
之王卒戡平之世以爲偉談忠烈公三子堪墀陞堪
以父蔭官錦衣中武舉第一歷都督僉事贈都督同

知初聞父訃慟哭挾刃卒二弟赴之會濠已擒乃扶柩歸廬墓三年有芝產墓上已而奉母楊夫人就養京師日率二弟伺顏色拜跽起居務盡其歡而當退處痛其父淚時皆霑臆也及楊夫人考終已九十餘堪亦踰七十矣竟以哀毀骨立卒於途撫臣上其事詔特以孝子旌之墀領鄉薦以文學入典內制終尚寶司卿其孝友無間於弟昆陞自有傳孫氏父子兄弟間文武忠孝尤世所希儷云祀鄉賢

郁采字亮之山陰人少刻苦向學有節槩正德戊辰登進士授刑部主事不能阿部長部長附吏議奏謫

大名教授稍遷裕州同知適流賊起河北殘破州縣
勢甚熾采身率裕人繕城以待賊至裕守欲棄城走
采曰毋爲民望乃身先登陴矢石四下賊避城而營
則又遣人潛俘其醜手劍之灑淚以激州人州人感
且泣人人願效死賊稍稍引去采討其必復來滋練
兵厚爲備令人舁妻女託其友儀賓莊士儁且與訣
曰脫賊再至采必死所欲以家累累君者恐重傷老
母心也莊館其妻女於母所已而賊果擁衆譟呼至
守益怖欲走采曰毋恐西南城塹河也寇難邇屬公
東北平淺易破有采在左右知采必死謂曰毋在柰

何死釆曰止嘗是偷生以爲孝乎賊攻東郛不克守開西門潛遁去賊乘之入釆還救巷戰被執罵不休賊裂其口輔殘其體事聞　詔贈光祿寺少卿命一子入監釆無子子其弟東之子翀釆旣死賊據裕二旬乃退莊率其家人於亂屍中辨其屍而殮之已而奉其柩及其妻女舉家泣送以行　唐王大書忠節字以旌之釆所著有蘭州集燬於賊手獨六思詩及賊退古詩數篇莊收之故傳釆誠忠臣莊亦義士也哉

高陵呂柟撰墓誌又爲裕州哀七章其一別駕守裕城堅牢鐵相似太守開門逃黜令別駕死其二

愛母心無窮愛主心無疆妾身奉老母我身許明王其三裕城郎汝家裕民郎汝子如可贖君身人人爲君死其四城存我當存城亡我當亡敢怨阿太守殺我在城隍其五生知爲别駕死知贈光禄豈爲貪官爵惟恐汚簡牘其六渠畧斃黄昏卉葬枯秋天君生三十六勝人一百年其七結交結君子生死皆可訓要知郁亮之但看莊士儁○莊士儁亦有詩云身後春秋有是非路人爭以口爲碑重于岱嶽掮軀日怒若雷霆罵賊時那忍范滂猶有母尚憐伯道竟無兒皇天我墮睢陽泪半月荒城未畏屍○祀鄉賢

杜文明餘姚人嘉靖乙卯五月倭賊犯姚境文明同其子杜槐練鄉兵爲守屢立戰功槐斬酋一人從賊三十二人力竭而死賊亦敗走十月賊寇寧波文明從主簿畢清率鄉兵禦之遇賊于奉化之楓樹嶺並

戰死一歲之間父子死於王事其忠義足嘉云

謝志望國子生胡夢雷庠生並餘姚人金應暘山陰人賊自海上蔓延姚嵊志望等與知事何常明分道率鄉兵禦之倉卒遇賊于四明之巾嶺及三界伍婆嶺諸所頗有斬獲後竟以矢盡力竭並遇害事聞詔贈何常明謝志望太僕寺丞蔭一子入監胡夢雷金應暘州同知給其子冠帶建祠於紹興額曰褒忠云

忭按志望蓋文正公之玄孫也大賢之後故其死難事易聞而得旌甚速何胡諸人彼所謂附驥者也據予所聞杜文明父子前後戰死事甚偉而竟泯泯焉何哉當時又有姚長子者賊由諸暨突入

郡境獲長子貫其胕使爲導長子乃紿之西而密呼鄉人曰俟我過某橋若等亟撤之我引賊入絕地可悉就擒我死不恨後果陷賊于化人壇四面皆水我兵截其後賊知爲所紿殺長子剉其屍賊百三十餘人乃盡殲於此鄉人立祠祀長子於死所嗟乎若姚長子者其亦唐將軍之疇哉當事者未聞加䘏而公論顧出於野悲夫悲夫

紹興府志卷之四十四

紹興府志卷之四十五

人物志十一

鄉賢之六 孝義

人生則有父母自孩提而上有不知孝者非人也然而履常處順則其名弗彰凡史傳所載其必有奇節異徵者哉乃若義之類雖甚廣要皆孝之推也記曰伐一木殺一獸不以其時非孝也則夫愛人之親敬人之長濟人之急孰非所以廣孝者乎余故合孝義而傳之先孝行後義行則仁義之等也

【漢】楊威上虞人少失父事母至孝嘗與母入山採薪

爲虎所逼自計不能禦於是抱母且號且行虎竟弭耳而去今縣之東北有孝子楊威母墓見水經

包全上虞人能養以孝聞其所居處曰孝聞嶺

三國丁覽字孝連山陰人八歲而孤家素微清身立行用意不苟推財從弟以義讓稱補郡功曹守始平長門無雜賓孫權深貴重之未及擢用會病卒　覽子固字子賤少喪父而家貧養母孝敬備至族弟孤弱與同寒溫嘗夢松生腹自謂後十八年當爲公竟歷顯位遷司徒時孫皓悖虐固與陸凱孟宗同心憂國年七十六卒

礿庚山陰人樊江上虞人咸代父死

朱朗永興人性至孝父爲烏傷長陳顗所殺朗志在報仇未間顗死往其家刺其子殺之魏聞其勇擢爲揚武將軍

晉

夏方字文正永興人年十四家遭疫癘父母伯叔群從死者十三人方夜則號哭晝則負土凡十七年而葬畢因廬于墓鳥獸馴擾其旁吳時拜仁義都尉累遷五官中郎將朝會未嘗乘車行必讓路入晉除高山令百姓有罪方向之涕泣而不加杖大小莫敢犯焉 祀鄉賢

南北朝賈恩諸暨人少有至行母亡未葬爲隣火所逼恩及妻栢氏號哭奔救鄰近赴助棺櫬得免恩栢俱死于火事聞表其里爲孝義蠲租三世元嘉中追贈天水郡顯親都尉祀鄉賢

剡縣小兒建武二年八歲抱母屍而死失其姓名

郭世通永興人生而失母父更娶世通事父及後母甚孝年十四父又亡居喪過哀家貧傭力以養後母母亡負土成墳親戚或共賻助微有所受葬畢傭賃還直仁孝之風及鄉黨人皆不忍呼其名嘗與人共於山陰市貨物誤得一千錢追還本主主驚嘆以半

與之世通委之去元嘉四年散騎常侍袁愉表其至行詔旌其門改所居獨楓里爲孝行里

按南史本世通而宋會稽志誤作世道

郭原平字長恭世通子也傭作養親義不獨飽父篤疾彌年原平未嘗安寢父亡慟絕方蘇躬自營墓喪終遂不復肉又自構祠堂每歲節常哀思不食高陽許瑶之自建安歸以綿一觔遺之不受瑶之往謂曰今歲過寒而建安綿好故以奉尊親爾原平乃拜而受之及母亡毁瘠彌甚既塟墓前有田數十畝不屬原平耕者每裸袒褻其墳墓原平輒往哭之乃竭資

貴買其田農月必東帯畚泣以耕宅嘗種竹或盜其笋原平見盜者常墜溝乃作橋溝上又採笋置籬外隣里乃慙愧無復盜者宋文帝崩原平號慟日食麥餅一枚如此五日人曰誰非王臣何獨如此原平泣曰吾家見異先朝不能報恩私心感慟爾太守蔡興宗嘗以俸米百斛饋之原平不受興宗復表其殊行舉爲太學博士會興宗卒不果祀鄉賢

何子平山陰人少有至行爲楊州從事月俸得白米輙易粟麥以食人問之荅曰尊老在東不辨得米何心獨飡每有贈鮮肴者若難以寄親則不肯受元嘉

中除海虞令縣祿惟以養母不及妻子人或疑其偸薄子平曰希祿本以養親不在爲己及母喪去官哀毀踰禮每哭踊頓絶方蘇屬太明末東土饑荒繼以師旅八年不得營葬晝夜號哭常如袒括之日所居屋敗不蔽風雨兄子伯興欲爲葺理子平不肯曰我情事未伸天地一罪人爾屋何宜覆太守蔡興宗甚加矜賞爲營冢墓祀鄉賢

杜栖上虞人京産之子也善清言能彈琴齊時爲國子學士以父老歸養父卒水漿不入口者七日既殯晨夕慟哭不進鹽菜每遇朔望節歳必慟絶而蘇嘔

血数升何胤謝朏並貽書敦譬戒以滅性至祥禫夢

見其父一慟而絶胤兄點見栖歎曰卿風韻如此

必獲嘉譽但恐不永年耳

韓靈敏剡人早孤與兄靈真並有孝性母亡無以營

塟種瓜半畝朝採暮生遂得辦塟事會靈真亡妻胡

氏守節慮其家奪已志未得歸寧靈敏事之如母

公孫知玄剡人事母孝母亡以毀卒陳宣帝改所居

清苦里爲孝嘉里

按剡志作汪姓戴草作公孫未知孰是

鄭僧保剡人居父母喪廬墓十載芝草生于墓甘露

降于松栢

唐丁興會稽人家近荒野野火延燒興廬母老病倉卒不及扶抱乃温衣覆母身死母全

張萬和諸暨人力學明經遭父母喪負土成墳兄弟廬於墓萬和卒葬大部鄉子孝祥亦廬於墓俱二十餘年墓傍芝草生醴泉出事聞詔旌其門名其里曰孝感祀鄉賢

許伯會蕭山人詢十二世孫舉孝廉爲衡陽傳士遭父喪負土成墳不御絮帛不嘗滋味野火將逮塋樹悲號于天俄而大雨火滅歲旱泉湧廬前靈芝之瑞獸

生于墓側祀鄉賢

戴恭字玄敬蕭山人居母喪廬墓十年芝草嘉禾生其側

俞僅蕭山人一門四代凡第十五人老幼八十餘口並經術貞廉僅遭親喪哀毁骨立爲鄉里所稱觀察使孟簡書于圖經以勵風俗

按唐孝友傳敘曰唐以孝悌名通朝廷者多閭巷刺草之民皆得書于史官諸暨張萬和蕭山李渭許伯會戴恭俞僅皆事親居喪著行者天子皆旌表門閭賜粟帛州縣存問復租稅有授以官者

宋裘仲容會稽人事母至孝慶曆中母病亟仲容刲股肉飼母弟仲莊亦將刲之聞兄已進乃止母食之

病輒瘉時有祥雲覆其家人以爲誠孝所感

孫寶著字天休蕭山人少孤事母孝母寢疾思梅及鳩秋月不可得仰天祈號得青梅於樹鳩自飛墮取以奉母大觀初行部使者以聞賜進士第任杭衢二州教授

蔡定字元應山陰人家世貧寒父革依獄吏傭書以資定定得遊鄉校業進士頗有聲後獄吏坐舞文革連坐時年七十餘法當免繫鞠胥削革年籍議罪與獄吏等案具府奏上之方待命于朝定痛父非辜陷阱從誓以身贖數詣府號愬請代弗許請效命于戎

行弗許請隷王符爲兵又弗許定知父終不可贖仰而呼曰天乎使定坐視父死乎父老且傭書罪固宜釋而無所告愬使父果受刑定何以生爲乃預爲志銘其墓又爲訴牒置懷中陳其所以死者兾免父刑罪趨府橋河自投死太守翟汝文聞之亟命出其父且給貲以瘞之紹興三年太守王綯上其事立廟祀焉賜額曰愍孝

王公衮山陰人佐之弟也母墓爲盜所發盜既捕得有司薄其罪公衮手斬盜首雪母寃詣州自言佐請納所居官贖弟時王十朋爲僉判賦詩美之且載其

事于風俗賦

鄭喦之字從革會稽人事親至孝建炎初金人寇越士女悉奔竄喦之獨衣冠侍父湯藥不去賊至斥曰衆皆逃遯避我汝敢獨留不畏死耶喦之曰豈不畏死顧老父年七十餘病且革不能負與俱逃若棄父逃生心尤不忍死雖痛乎柰獨父何言與淚俱賊爲感泣舍去且戒其黨勿更入孝子間以是父子俱免於難

楊文脩諸暨人有至性母病刲股以進病遂愈母沒負土成墳慈烏數十隨之往返鄉閭欲上其事固辭

之文脩故病瘻道遇異人以手摩之瘻移於背居久之

德惠及人皆不忍名呼曰佛子常平使者朱熹每行

部至縣必造廬與談論久之乃去其爲賢哲所重如

此祀鄉賢

錢與祖字國材上虞人少穎成人長探理學毋疾二

年竭力致養及終貧不能葬孺子泣者五年既葬白

烏千百集墓木上大鸛馴擾墓旁卒百日而後去

趙孟傳字商瑙家于上虞年十六隨父武顯之官池

陽道遇寇執武顯索金帛孟傳以身翼蔽父謂賊曰

寧殺我勿傷吾父賊斫武顯數刃衣裂而骸不傷賊

相顧曰此孝子也釋之去孟傳嘗謂人子不可不知醫乃集古方盡知其要人以疾告必爲盡誠救療弟善信字彥忠官至監車轄院清苦自立以孝友稱

皮延字叔然山陰人事母至孝居喪廬墓有白鳩巢于廬側終喪而去

呂蒙新昌人塟父集縣北三十里杜潭廬墓久不返子琰憂懼築室龍巖迎蒙居之蒙遂蔬食終身哀慕四十年如一日蒙卒琰哀慕亦如之

元石明三四明山農夫也早喪父獨與母居山中一日明三自外歸覔母不見見壁間有巨竇而三虎子

擄其床知毋已爲虎所害乃大慟盡殺虎子操巨斧立竇間伺毋虎入即斫其首碎之取肝腦磔諸庭復大慟指天曰不并殺牡虎不生也更礪斧循虎跡阻厓石伺之牡虎果咆哮來明三奮而前斫殺虎明三亦立死不仆張兩目如生手所操斧牢不可拔鄉里拜祭而神之號曰孝子立祠祀焉祀鄉賢

陸思孝山陰樵者性至孝毋老病痢思孝醫禱久之不效將刲股爲糜以進忽夢異人授藥一劑寤而得之即以奉毋毋疾遂愈

陳福山陰人年十歲侍毋葉病衣不解帶毋夜祈禱

後庭刲股肉療母股刲而母已死鄉人哀之目曰孝童郡人楊維禎爲作孝童詩

虞所字敬叔會稽人生九月失怙少知力學與人不妄交性至孝母徐嫠居老患風痺日夜奉養惟謹每坐床下候顏色自爲藥劑飲食以進如是者七年母忘其有疾也部使者巡行至郡輒造其廬訪治道嚮荅曲中郡守泰不華尤禮重之後徵爲會稽學諭辭不就

金松一蕭山人至正間以家貧傭工養母凡遇魚肉必持歸以奉母一日母病篤思魚時天大寒江水亦

凍計無所出乃往漁浦渡頭扣拜祈天須臾鴡自西來墮雙鯉于前持歸供母病即愈

胡忠字景莊餘姚人宋尚書沂六世孫弱冠哭父耳鼻出血事母至孝與庶弟明膚同居共產有瑞榆之徵時州郡新附多盜賊忠出貲募鄉夫掩捕之元貞間饑疫忠貸錢穀以賑閭里而瘞其死者明年大稔里人齎錢穀酬約忠嘆曰饑民近得一飽吾忍取其宿逋耶悉取券對衆焚之其孝義爲鄉邦所推

徐允讓山陰項里人元末避兵山谷父安爲兵所執將殺之允讓前曰我父老不勝刄寧殺我丐父命兵

遂捨安而殺允讓既而欲辱其妻潘潘紿兵焚夫屍因赴火死潘別有傳　國朝並旌之

石永壽新昌人性至孝元末兵亂父謙遜老不能行永壽負父匿山谷中兵執其父將殺之永壽前曰吾父也願代死兵遂殺永壽而釋其父　祀鄉賢

孔明允字孟達諸暨人讀書尚志節操履清純元季兵興奉親居義山中負米爲養驩如也同邑張辰謂明允當阸窮而守益固孝益純庶幾行古之道者云

丁祥一諸暨人家貧母老行傭以養母病目無以爲藥焚香露禱每旦盥漱舐去眵暮亦如之逾三年母

目復明事上旌其門邑人楊維禎爲詩贈之詩云孝子蘭刻木肖毋顇木有神痛相關况我孝子有毋上堂問安否毋胡爲目雙瞽毋瞽捫壁行行聽孝子聲孝子泣毋舐毋目何時仰見天日星朝舐瞽暮舐瞽一日二日百里程毋瞽豁然而月明隣里來賀毋如長夜再生孝子名上達天聽華表柱爲孝子旌　祀鄉賢

張觀僧字子用新昌人幼頴悟讀書知大義父患瞽不能行觀僧躬自扶持寢處必視寒燠飲食必極甘美至正中寇亂居人皆驚走骨肉不相顧觀僧謂其姪德邦曰吾父失明若父病吾與汝家貲不暇顧救父爲急脫有不幸當以身代德邦然之乃相與各負其父逃避鸕鷀山中餓而賊至揮白刃索金欲殺之

二人叩頭流血請以身代父賊感而釋之父子遂得俱全父歿廬墓三年人皆稱張孝子云

黄義貞字孟廉餘姚人篤學好脩事親以孝聞大德間徵拜博士辭不就隱居鳳亭壽一百五歲其六世孫濟之能脩義貞之孝失慈於繼母構於父而出之益承順無違及父母歿復廬於墓弘治中　詔表其閭

皇明高珣山陰人農家子也性朴魯蚤孤而貧行傭以供母母卒瘞刑塘下以母生時畏靜每夕往墓所措苫薄以卧四無墻壁地沮洳多虺蛇珣不爲患歷

三載不輟當沍寒時有物夜來暖珣足習爲常珣初意其爲猫或以告人人密窺之始知其爲狐也郡倅劉王白其事于當路學士大夫多爲詩謌傳之

婁可道會稽人性孝謹父坐巫呪罪當死可道赴有司請代竟絞死五雲門外

邵廉字思廉會稽人幼孤迨六七歲便有異志能自立已而領鄉薦授貴溪教諭迎母就養洪水驟至邑人溺死者以萬計廉倉卒抱母方呼天忽有小舟若約而赴者廉僅舷母水駛舟箭往與母相失者兩日而復會母於東山人謂廉孝感所致祀鄉賢

沈曰禎字天祺山陰人少遊鄉校以父久客河南音問遼絶白于當道將往訪而歸之時有令凡庠序諸生有稱故遠遊者例戍邊當道以是難其行曰禎曰使得見吾父雖十戍不辭奮然治裝以行辛苦萬狀備歷險遠卒遇其父於逆旅奉以歸尋領鄉薦爲學官

胡剛字惟輔新昌人生有至性洪武初其父謫役泗上以逃役當刑　勑附馬都尉梅伯殷監斬時剛往省代役於待渡間聞之遂裸跣泅河而渡奔走哀訴請以身代言與淚俱情甚懇迫梅憐而奏宥其父同

坐者八十二人俱免死淮人至今傳頌云祀鄉賢

劉謹字惟勤山陰人洪武中父謫戍雲南伯兄又以督運死京師謹甫六歲輒知痛其父一日問家人曰雲南在吾越何方家人以西南指之輒朝夕向西南遥拜年十四迺矍然曰雲南雖號萬里天下豈有無父之子哉治裝爲尋父計時滇夷初服道路荆楚衆勸勿行卒不能尼歷六月抵雲南艱辛萬狀遇父於逆旅相持號慟行道傷悲俄而父患瘋痺即欲以身代戍冀得歸父而國法戍邉者惟十六以上嫡長男始得更替於是復歸携其伯兄子往而伯兄子亦尚

孱弱未能自立於是又復歸悉鬻其家貲以往蓋三返雲南始得歸其父也父歸家徒四壁幾不能爲生謹力供菽水晨昏必極其歡督學使者張倬爲傳其事一時縉紳先生司馬恂朱文淵葦並詩歌之其後子孫科第相繼人以爲孝子之報

呂升字德升新昌人宋孝子蒙之後家貧好讀書毋徐先卒父迨九十升竭力奉養飲食起居不離左右父年益高便溺不節升無間晨夕躬自抱持就溺不使涴床褥若保嬰兒然如是者凡十年父以百歲卒洪武初應孝弟力田 詔授江陰主簿辭不就祀鄉賢

吳希汴字克素新昌人性柔順事父宗信務得其懽心洪武初民斷指者法戍邊宗信以疾失將指之半里長將捕之希汴憂形于色會有善接指者人弗之信希汴獨心喜乃截右足小指接父將指彼此血出淋漓月餘瘡愈指果續巳而瘡復潰斷指如故希汴籲天誠禱復截左足小指接如前法血交氣貫一指宛然如生鄉里驚異以爲孝感所致

宋味古者會稽宋家店民也亦能詩當建文君避位時味古每於夜深疊卓從星月下北向以祭祭巳且慟哭如是者月餘爲讐家所告遂逮捕其子某請代

味古乃得釋人謂忠臣孝子萃於一門云

趙紳字以行諸暨人父秩工詩文精篆籀永樂時任高郵州學正入京舟次武城偶墮水紳即入水抱持河流悍急俱不能出明日官爲出其屍尚以手持父臂不解事聞旌其門 祀鄉賢

俞正儀上虞百官里人永樂中母病革百藥不治或云取肝作羮可療正儀深信之設齋壇於舍旁焚香然燭稽首再拜祝刀於天割右脇破屢二寸許取肝剖之廣半寸長三倍調羮而進母飲甘之觀者環堵咸賛之孝或謂之痴人遂呼爲俞三痴母病稍退逾

旬終卒孝子亦無恙

按宋黄庠取肝救毋吳祥取肝救父眞西山謂非聖經所尚然其孝心誠切可嘉邑人俞繪有傳見井天集近時山陰傭夫任友試亦有割肝救父之事

求漁求澧嵊人未齔時父戍貴州瀨行屬其毋必令二子力學爲名儒既長毋告之輒相對感泣自是苦志窮經史以及百家小說靡不涉獵卒以文學有聲於時事毋至孝兄弟相友愛澧事兄如嚴父老而不衰鄉黨稱之

喻祿孫字希武嵊人事嫡毋至孝毋死結廬墓旁晨夕哭奠冬夜虎入廬號泣呼毋虎遂遯去西溪張胃

爲之傳

袁徵諸暨人毋陳病篤徵憂苦不食夜禱於北辰刲股肉以進病遂愈時方春庭柱吐華鳩巢於室

周廷瑞字應麟山陰人少有孝行一日他出忽心動馳歸父疾正劇廷瑞侍湯藥晝夜不就寢至嘗父穢鄉閭誦之正統間父奉檄當爲兵之閩討鄧茂七廷瑞悲號請代有司憐而更之已而力學領鄉薦聞父訃哀慟幾絶喪終以毋老不忍離遂絶意仕進毋歿廬於墓有白兎出其側後年七十一而卒有司先後旌異之

杜澐上虞人年七歲念父遠遊不歸旦夕思慕及總髮從婚甫彌月求母模父貌徒步訪尋至雲南金齒驛遇其父奉事未幾父卒扶櫬以歸倚新昌梁州同渡鄱陽湖風浪大作舟將覆澐跪禱號泣浪頓息乃克歸塟事母徐雖處窮約務得其懽心母歿廬墓三年人稱爲真孝子

章蕣字希盛新昌人三歲喪母即悲啼不食既長事繼母如事所生父感風疾痛痒異常蕣爬搔撫摩終夜弗寐如是者十數年父將卒謂族人曰蕣真孝子也願其子孫克似之既而居父喪哀毀具至督學鄭

瑗造廬存問載之學記以勵諸生

何競字邦直蕭山人父舜賓舉成化巳丑進士爲御史坐事謫戍慶遠後以赦歸會當塗鄒魯亦以御史謫蕭山令性鷙悍無所顧忌舜賓嘗有小忤魯銜之詭言舜賓赦歸無驗械送戍所屬解者屏其食飲侵辱之至餘干夜掩殺於昌國寺又欵捕及競競遯匿蘇州父友王叅政留家痛憤迫切終夜不寢嚙臂以誓復讐久之魯遷山西僉事競乃潛歸募死士數十人扼之於途窘辱萬狀耿其雙目縛送憲司累奏於朝兩遺官即訊坐魯死以競復讐之孝止擬徒　朝

議以唐梁悅例編戍福寧正德改元赦還閩志紀其孝曰復讐編戍云

俞孜字景脩山陰人補邑庠生嘉靖初其父華以里役解流徒徐鐸赴口外防範過嚴鐸銜之投毒於羮華一夕暴死都下孜聞訃號慟往扶櫬歸殯誓必報讐時讐已脫走徒跣根跡歷數十郡聞巳歸越匿其甥安城楊參一家乃結力士数人佯爲賣魚者往來偵伺迄亡所獲乃卜諸城隍得渙之三盃悲痛欲死是夜夢神語之曰若以渙爲不祥獨未知一喚即在目前乎孜驚寤詰旦詣郡乞助郡守南大吉壯之盃

以機兵夜半至安城驟入楊氏呼徐鐸鐸應聲就縶
卒宜極典孜遂不復應舉養繼母以老鄉里學校間
共稱爲復讐俞孝子郡守湯紹恩表其閭其子志和
亦以儒行重於鄉
朱泰會稽邑庠生也甘貧力學母病痿不能起泰與
妻吳氏日飯麤糲布褐常不完而母之服饌極軟好
母性頗暴吳常跪受箠撻已輒起進飲食婉娩如初
泰死無後或勸吳他適輒號踊欲絶卒奉姑至歿辛
苦備至聞者爲之墮淚陶文僖大臨重其孝節爲白
於官捐已俸剏祠祀之已而　詔旌其門

陸尚質世家山陰海濵之丈午村其父一中以庠生教於鄉塾隆慶巳巳秋八月七日束書渡海口風濤拍天舟東瀉將入洋質從堤上號慟躍濤中擬拉舟跱觀者傾落謂父子且並魚矣俄而舟忽逆濤上若有繂者一中遂濟質竟死濤中鄉人憐之求其尸不得且謂質死水與曹娥亡異而其父得生事尤奇乃名其渡處曰陸即渡知縣徐貞明上其事　詔旌其門

章良駿新昌人早喪父其祖存貞有瘋疾手足拳攣不舉駿日夜撫摩疴癢靡所不至家貧極力爲具膳

羞多含伏以哺當春和輙背負出遊冀得其懽凡十歷寒暑弗輟祖年八十四而卒毎對衆涕泣爲言其孝有司以順孫旌之以上孝行

〔漢〕陳囂山陰人與紀伯爲隣伯竊囂藩地以自益囂不較益徙地與之伯慙悔歸所侵地囂辭不受遂爲大路鴻嘉中太守周君刻石旌之號曰義里吳虞翻嘗稱其漁則化盜居則讓隣感侵退藩遂成義里今俗稱讓簷街云祀鄉賢

戴就字景成上虞人仕郡倉曹掾揚州刺史歐陽參奏太守成公浮臧罪遣部從事薛安收就於錢塘獄

幽囚考掠五毒參至就慷慨直辭顏色不變主者窮竭慘酷無復餘方至卧就覆船下以馬通薰之一夜二日皆謂已死發船視之就方張眼罵曰何不益火而使滅絶主者以白安安呼見就謂曰太守罪穢很籍受命考實君何故以骨肉拒扞邪就攄地荅言太守剖符大臣當以死報國卿雖銜命固宜申斷寃毒柰何誣枉忠良強相掠理令臣謗其君子證其父就考死之日當白於天如蒙生全亦手刃相裂安奇其壯節即解械表釋郡事浮徵還京師後太守劉寵舉就孝廉病卒祀鄉賢

子孟英上虞人爲郡決曹掾三世死義

三國 邵疇字温伯山陰人爲郡功曹孫晧時太守郭誕以不白妖言被收遑遽無以自明疇進曰疇今在明府何憂遂詣吏上疇辭晧怒猶盛疇恐誕卒不免遂自殺以證之臨亡置辭曰疇生長邊陲不閑教道得以門資厠身本郡逾越儕類位極朝右不能贊揚盛化養之以福令妖訛横興干國亂紀疇以噂喈之語本非事實雖家誦人詠不足有慮天下重器而匹夫横議疾其醜聲不忍聞見欲含垢藏疾不彰之翰筆鎮躁歸静使之自息愚心勤勤毋執斯旨故誕屈

其所是默以見從此之爲愆實由於疇謹不敢逃死歸罪有司唯乞天鑒特垂清察吏收疇喪得辭以聞詔遂獲免皓嘉疇節義詔郡縣圖形廟堂

晉孔祇字承祖車騎將軍愉之弟也太守周禮命爲功曹史禮既爲沈充所害故人賓吏莫敢近者祇冒刄號哭親行殯禮送喪還義興時人義之

卓恕字公行上虞人爲人篤信義然諾不苟與人期約雖暴風疾雨無有不至嘗從建業還會稽太傅諸葛恪問何時當復來恕期以某日至期恪與主人停飲食以須恕至時賓客會者皆以爲會稽建業相去

千里道阻江湖風波難必豈得如期須臾忽至一座皆驚見會稽典錄

南北朝嚴世期山陰人性好施同里張邁等三人妻各產子歲饑欲不舉世期分贍其乏三子並得成長同縣俞陽妻莊年九十女蘭七十並老病無所依世期贍之二十年死並殯葬宗人嚴弘鄉人潘伯等十五人歲侵莩死世期並爲棺殯撫其孤宋元嘉四年詔旌其門復其身蠲租稅十年

魏温仁上虞人齊僕射徐孝嗣爲東昏侯所殺故人莫敢收視獨温仁奔赴以私財營其喪當時稱之

宋裘尚晉義熙中自婺女徙居會稽之雲門世勤耕桑習絃誦越五代至宋踰六百年無異爨大中祥符四年州縣以聞詔旌其門蠲其課調是時裘氏義居已十九世矣其族長曰承詢（或曰可暄）至嘉泰初又五六世蓋二十四五世矣猶如故聚族日繁嘗有餽瓜者族長集小兒十三歲以下百餘令自取各相推遜以長幼持去其習爲廉遜如此至和中李待制兑有詩云夫何於會稽卓然有裘氏同居六百年相聚三千指昔賢欽義方列奏聞天子恩詔表門閭光華映梓里

劉承詔唐襄公德威之後德威五世孫愉因避黄巢亂自河南徙居越之上虞至承詔十世義居聚族四百餘人内外無間言和氣致祥下及犬彘一犬不至衆犬不食號孝義劉家熙寧中趙抃帥越嘉之聞于朝詔旌其門免其徭役以寵異之抃爲作義門記

石賀新昌人太平興國中初立縣治建邑庠民大擾賀以家貲代其費鄉人德之

吴孜會稽人嘗從胡安定學名聞嘉祐治平間會郡謀建學孜即捨宅爲基今學中祀孜祠存焉初學成太守張伯玉至以便服坐堂上孜鳴鼓行學規伯玉

欣然受其罰王十朋題其祠云右軍宅化空王寺秘監家爲羽士宮惟有先生舊池館春風歸在杏壇中祀鄉賢

孫椿年字永叔餘姚人剛特博達於學無所不窺居鄉以孝友見推置義莊食親族之貧者歲饑輒出粟以賑又嘗助貲築堤捍海及卒無親疏皆痛惜之子之宏孫林象先曾孫嶸叟相繼舉進士嶸叟自有傳

陳祖字惠卿新昌人生紹定間居僊桂鄉之平壺少孤事母至孝善治生敦睦宗黨嫁其孤女數人貲負平糴邑人德之嘗創義塾延名師以淑鄉之後進凡

饔膳薪水僮僕咸具歲費錢萬緡弗少恡士由以登庸者後先不絶同舍題名石至今存焉祖没從孫雷克繼其志創桂山東塾而以祖所建名西塾張即之爲館扁榜曰洞門無鎖鑰有客不妨來由是遠近來學者日衆門墻冠蓋相望而兩塾之名聞四方矣又嘗置義田義役義倉義井義阡義局以賙卹鄉黨邑人至今談陳氏事有墮淚者雷字震亨以恩補登仕郎凡三辟皆不就卒祀學宫云祀鄉賢

石公轍字道叟新昌人爲人重交敦義初遊太學同舍生朱夷行寢疾無親黨公轍爲謁醫治療既不起

家人聞訃方徬徨不知所爲而公轍已送柩在門矣時舟行冒暑目眚幾失明忽夢吏行如平生曰目眚柰何有爾朱先生藥如神覺而異之至京口有言爾朱先生者公轍因與訪求得藥百餘貼皆細如芥子公轍旦夕服之目遂如初登紹興二年特奏狀元後年八十手自校書燈下作蠅頭細楷人謂宜報云

徐端臣字正卿蕭山人幼有異禀日記萬言事祖父毋以孝聞值歲饑輒出粟平價以濟貧乏創社倉餘學祠療病以藥贈死以棺行宣遐邇浙東提舉朱熹行部至縣特造其閭後以子爵恩補宣義郎致仕卒

年八十三贈銀青榮祿大夫寧國郡公賜觀額曰慶孝免田百畝奉祀
顧彦成蕭山人父沂登進士仕終光祿大夫彦成以蔭補官歷两浙運使以書堂爲學基田三十六頃爲學田中書舍人薛昴誌其墓
姚景崇字唐英嵊人開慶中建義塾延師設教英俊多遊其門
吳作禮字起之諸暨人開禧間有寇掠鄉民勢甚張作禮與兄弟議爲防禦計因積薪備酒饌賊至迎勞飲食之乃闔户焚其廬無得脱者事聞拜保義郎

黄振字仲驤諸暨人輕財好施嘗建一樓隆寒盛暑必登之以望村墅有日中未舉炊者往遺之米寒無告者遺之衣其妻劉亦斥奩橐置義莊以歲入濟族黨之不能婚塟者鄉人德之名其樓曰望煙莊曰仁壽振後以子貴贈衛尉少卿劉封仁壽夫人子孫代有顯者

黄汝楫字巨濟振玄孫也家故饒而好義宣和間方臘犯境汝楫瘞其貨寶於室將出奔忽賊黨執白旗來楫且拜驚視之乃舊僕也曰吾主掠士女千餘閉室中索金帛否者且殺之汝楫曰我所藏直数萬緡

願以贖衆命遂悉發所瘞輦輸賊營千餘人皆得歸歡聲如雷一日夢金甲神謂曰上帝有勑以子活人多賜五子科第紹興中汝楫爲浦江令其子開閎閣聞闓果相繼登科高宗賜詩有昔日燕山竇今朝浣水黄之句祀鄉賢見一統

吳自然字義甫餘姚人家富好義德祐元年歲饑發廩賑鄉里部使者爲立高誼坊元至大初歲又大饑自然子埏復助有司賑給州上其事中書旌其居曰積世好義之門

王英孫字才翁會稽人博通經史歷官將作監簿辭

歸值越中大饑發私廩以賑全活甚衆道上有棄孩輒收恤之又喜延致四方賢士日以賦詠爲樂若謝翱鄭樸翁林景熙唐珏輩皆慕其義與之友所著有脩竹集

唐珏字玉潛山陰人家貧聚徒授經以養其母歲戊寅總江南浮屠楊璉真伽發宋諸陵攫其寶玉珏聞之不勝痛憤亟貨家貲及挑券行貸得百餘金乃具酒邀里中少年與飲酒且酣少年起請曰君儒者若是將何爲珏慘然具以告衆謝曰諾一少年曰事露柰何珏曰余固籌之矣要當易以他骨乃具木櫃紉

囊各署其表曰某陵某陵分委散遺收遺骸瘞蘭亭山中樹冬青樹其上以識越七日髠賊下陵裒陵骨雜置牛馬枯骼中築一塔壓之名曰鎮南杭民悲慨不忍仰視了不知陵骨之猶存也未幾髠賊被誅珏事乃稍稍傳播義聲震吳越云祀鄉賢詳見攢陵下

元邵文澤會稽人至正末盗起率義兵保護鄉井有功拜昆山州判官

董彦光新昌人至正間盗馮輔卿作亂陷新昌彦光集義兵屯境上明日盗擁衆而西遇隘彦光與弟舜傳子谷彪廷輔挺劍直前衆翼以從擒輔卿斬之俘

其黨數千人授武畧將軍僉元帥府事子弟三人俱授官

趙孟冶山陰人家世業儒尚義皇慶中捐田三頃爲學田又捐田三頃入義廪給鄉人無以婚葬者事聞有詔旌之孟冶子由鍾行義有父風丁未歲大饑設粥于道所活餓莩甚衆由鍾子宜浩以進士起家

陳志寧弟嵩之諸暨人兄弟友善事毋以孝嘗割田一千畝山五千餘畝造屋三百餘楹爲義莊義塾聚族里之貧者養之未知學者教之事聞旌爲義門

方鑑諸暨人讀書負氣自豪好脩行誼嘗割田千畝

山若地有差取歲入贍其族之貧者建義塾禮聘名士黄叔英項炯吳萊輩主教事造就學者一時儁彦雲集宋濂鄭深亦嘗來訪云

宣玄字子初諸暨人性敦龎志脩絜與剡人商舜華善舜華遊西州以銀一緘寄玄家歲餘舜華客死玄弔於其家因以金還其子其子初無知者

黄新諸暨人汝楫六世孫也性倜儻好義祖遺義莊閱廢已久新盡購復之以賙族人歲侵鄉人持券物來質粟不較其直而與之所居當婺越之衝爲飲食以待困乏者年七十餘盡出所質文券約三萬緡悉

焚之衆皆感泣

皇明 丁美字文彥諸暨人兄進洪武初遘誣被逮美度兄愞且訥必不免白于官請代行進曰事在我汝何預焉進方欲往美已赴逮所矣竟編之徒官以死同時有黃彥輔者其從兄彥實坐誣州司迫遣將行彥輔慨然就械以往而其事卒白鄉人皆義之而於美之死尤加悼惜焉

竺瓚嵊人性孝友其家同居巳四世戸大而多產瓚每以身任繁役從兄璟坐繫將傳送法司瓚走白於官犯律者我非兄也官乃繫瓚而釋璟瓚竟卒于獄

史官宋玄僖爲之傳

徐恩山陰人與兄讓同系家貧不甚知書而孝友出天性與兄文刈薪項里嶺日未午一虎從叢篠中出噬文牙貫肩項恩急顧得一木棓趨擊虎數十下持不可奪則躡文足自後撑之虎乃釋文走恩度必復來於是曳文首前向立跨屍以待且大呼曰天乎吾於虎何讐虎殺吾兄天尚相與殺此虎復兄讐必選虎迂行負上勢奔突而下恩側身承勢橫扼而擠之虎輒失足旁逸若是者凡數四鄰族聞者或匿林薄間呼恩棄屍自脫恩厲聲曰汝能助助我不能毋撓

我今日斷無棄兄理我不與虎俱生矣虎欲施不得復奔突如前垂至則人立不動亦若出奇設疑意在乘間以逞者恩直前批之適中其鼻虎創甚始卻步徐行而去然猶數回視馬既而救者咸至共輿尸以歸恩力竭病累月死方恩病時人有以義士譽之者恩愴然涕曰吾恨力止此不能磔此虎以祭吾兄吾乃以是得衆人譽吾獨何心哉邑大夫蕭鳴鳳傳其事而爲之贊

何兆三山陰馬塢里人弟出採薪虎突至銜其首兆三呼號奔救以篠擊虎虎遽舍之去弟乃得生兄弟

爲樵十餘年稍有所儲兆三曰我老矣當爲弟娶以延宗祀若有子即吾子也於是弟遂娶生子而弟死弟婦悍不能奉事其伯兆三不免凍餓亦無悔云

秦礽字性礽山陰人卓有行誼居太學時同舍生以使命出妻死無主礽爲之經紀喪事甚周有金安者除後山衛經歷當之任貧無以治裝礽脫所乘驢資遣之徒步出入永樂中舉進士官翰林檢討

丁能山陰錢清舟人也嘗夜載衆賈至東關詰旦衆散去遺金一囊能艤舟候賈還而返之久不至携歸明日將復往婦阻之能曰我豈不欲財耶物固有分

彼辛苦營之而卒然失去悔且喪身吾何安終往候
得金主感謝欲酬以半堅拒不受
高宗浙字叔胥山陰人讀書好禮積而能散嘗捐山
七十畝爲義阡給櫬以葬貧者里有衣纓之裔盜其
牛或以其人告輒諱而隱之不忍汚其世正統庚申
歲大饑糴旁郡米七百斛歸給鄉人全活甚衆明年
饑又出私廩助公貸後二年又饑亦如之時同邑吳
淵周端並出粟千石助賑有司上其事　詔遣行人
廖恂賫勑旌之三氏子孫至今繁衍昌大爲山陰世
家

周用彰嵊人元提舉承祖之孫家業頗殷爲人和厚好善率長子澤榮嘗施藥以濟貧病者煑粥以食獄囚夏則施茶冬則建橋造船爲萬石長無一毫苟取鄉里皆義之後子孫若山等多登科第

夏叔恢嵊人天順初客越城中飲於酒肆時傍坐客被酒忘其囊去恢獲囊視之約五十金疾追其人弗及明日仍俟於其處失金者呌號而來遂挈以畀之觀者莫不嘆賞久之恢夢老人抱孩與之既而得子雷領鄉薦

周廷澤字舜龍山陰人富而好施每歲饑輙捐粟作

糜粥以賑或病死則爲義棺義塚以瘞之鄉人有厚負其租者携其子鬻于市廷澤聞之遂焚其券又嘗捐金爲錢清石橋凡九洞工費甚鉅往來至今賴之其後四子禎礽祚禪及其孫浩相繼舉進士致通顯人以爲行義之報祚尤長于文學有周氏集爲詞家所稱卒祀學宮云

朱導字顯文山陰人弘治已酉領鄉薦仕終通江令力敦孝友以義方訓其子弟二子籃箎及猶子節簦並取科第爲顯官而雍雍和睦長幼内外無間言居鄉儉朴非公事不入城府山陰稱孝義之族者必曰

白洋朱氏云

趙誠字一誠上虞人娶同邑杜氏生子而杜卒誠年財二十七族之長老勸誠再娶誠謝曰不聞伯奇孝已事乎吾既有子可無娶矣聞者高其義景泰中應貢司訓德安同知劉英者欲妻以女誠以初意辭之鰥居五十餘年無妾媵之侍致仕年八十卒同邑鍾億當嘉靖中亦以義夫稱于鄉

胡淮字宗豫嵊人正德初遊邑庠與友人鄭軫同試貢淮得中式憐軫衰貧義不忍先竟讓之後二年復舉貢仕終教諭所著有坦庵集

周夔秀字繼實嵊庠生也生有至禀苦志獨行孝友端介遠近無間言時有例廪生限年起貢一生年踰六十不得貢次當及夔秀夔秀曰我猶可待若不貢無後期卒推以讓之其父別駕嘗佃實性寺爲宅既数十年増餙堂搆且数百金夔秀以爲非義請于父復捨爲寺而別僦数椽以居風雨不蔽無愠也他事類此既而蚤卒鄉人賢之請祀於學宮郡守蕭良幹題其墓曰高士云以上義行

紹興府志卷之四十六

人物志十二

鄉賢之七 隱逸

自昔談高隱者盖必曰嚴先生而嚴先生固越産也越擅嚴壑之竒其地可以隱是以其人稍不售於世輒東猶以終老無難者况嚴先生之流風固千載不泯乎夫世之所以亂者貪儒之士比肩而士亡廉耻也一絲九鼎非謂其廉頑立懦世教有足恃哉不然果于忘世而滅大倫是聖門之所擯也烏足志

漢 嚴光字子陵餘姚人一名遵本姓莊避顯帝諱諱

莊曰嚴光少有高名梅福妻之以女光武微時嘗與光同學及即位乃變姓名隱身不見帝思其賢下令物色之後齊國上言有一男子披羊裘釣澤中帝疑是光乃備安車玄纁遣使聘之三而後至車駕即日幸其館光臥不起帝即其臥所撫光腹曰咄咄子陵不可相助爲理耶光不應良久乃張目熟視曰昔唐堯著德巢父洗耳士固有志何至相迫乎帝曰子陵我竟不能下汝耶於是升輿嘆息而去復引光入論道舊故相對累日帝從容問光曰朕何如昔時對曰陛下差增於往因共偃臥光以足加帝腹上明日太

史奏客星犯帝座甚急帝笑曰朕故人嚴子陵共臥耳除諫議大夫不屈乃耕於富春山後人名其釣處爲嚴陵瀨云建武七年復特徵不至年八十終於家詔郡縣賜錢百萬穀千斛塋縣東北客星山廟祀之

忭按河南通志言光隨其父官新野故與光武同學稱故人云

陳業上虞人初爲會稽太守潔身清行遭漢中徵委官去隱於黟歙間朱育稱其高邈妙縱天下所聞

魏

稽康字叔夜上虞人後徙居銍家于嵇山奇才博覽遠邁不群與魏宗室婚拜中散大夫常修養性服食之事彈琴詠詩有以自樂與劉伶阮籍輩爲竹林

之遊世號竹林七賢嘗採藥遊山澤會其得意忽焉忘返至汲郡山中見孫登登沉默自守無所言説康臨去登曰君性烈而才儁其能免乎山濤將去選部舉康自代康貽書告絶康性絶巧而好鍛居貧嘗與向秀共鍛於大樹之下以自贍給潁川鍾會往造康不爲禮而鍛不輟良久會去以此憾之及是言於文帝曰嵇康臥龍也公無憂天下顧以康爲慮耳因譖康欲助毋丘儉帝遂害之康將刑東市太學生三千人請以爲師弗許康顧視日影索琴彈之曰昔袁孝尼嘗從吾學廣陵散吾每靳固之廣陵散於今絶矣

時年四十海內之士莫不痛之帝尋悟而恨焉康善談理又能屬文撰上古以來高士爲之傳贊又作太師箴

忭按康本魏臣不仕晉其意深矣而昧於明哲之訓卒以殺身由是知靖節之不可及也

【晉】謝敷字慶緒山陰人性澄靖寡欲入太平山十餘年辟命皆不就初月犯少微一名處士星占者以隱士當之時譙國戴逵有美才人或憂之俄而敷死越人以嘲吳人云吳中高士求死不得死

夏統字仲御永興人引身不仕母病篤詣洛市藥遇賈充與語其應如響因問會稽風俗統曰其人循循

猶有大禹之遺風泰伯之義讓嚴遵之抗志黃公之高節勸之仕俛而不答

孔沉字德度山陰人有美名何充薦於王導辟丞相司徒掾瑯琊王文學並不就從兄坦以裘遺之辭不受坦曰晏平仲儉猶狐裘數十年卿復何辭於是服之是時沉與魏顗虞球虞存謝奉並爲四族之雋沉子廞位至吳興太守廷尉廞子琳之以草書擅名又爲吳興太守侍中

南北朝戴顒字仲若逵之子與兄勃並受琴于父父歿所傳之聲不忍復奏各造新弄勃制五部顒制十五

部傳於世嘗遊桐廬居吳下又止京口黃鵠山後還剡宋文帝每欲見之常謂黃門侍郎張敷曰吾東巡之日當宴戴公山下也後卒塟剡所遺文有釋禮記中庸篇月令章句逍遥論等書勃字長雲仕爲散騎常侍與父逵弟顒並高蹈物外爲海内所稱祀鄉賢

朱百年山陰人少有高情攜妻孔氏入會稽南山以伐樵採若爲業以樵若置道傍輒爲行人所取明旦巳復如此人稍怪之積久乃知爲朱隱士也所賣須者隨其所堪多少留錢取樵若而去或遇寒雪樵若不售無以自資輒以榜船送妻還孔氏天晴迎之好

飲酒頗談玄理時爲詩詠有高勝之言隱迹避人唯
與同縣孔顗友善顗亦嗜酒相得輒酣對盡歡頗峻
爲東揚州餉百年米五百斛不受後卒山中蔡興宗
爲會稽太守餉百年妻米百斛妻遣婢詣郡門固辭
時人美之以比梁鴻妻云

孔祐山陰人愉曾孫也隱居四明山嘗見山谷中有
數百斛錢視之如瓦礫樵者競取之則化爲沙土又
有鹿中箭來投祐養之創愈而去復引群來依太守
王僧虔欲引爲主簿不屈子道徽少厲高行能世其
家隱居南山終身不窺城邑齊豫章王嶷爲揚州辟

西曹書佐不至鄉里宗慕之道徽兄子總亦有操行
凍餓自甘郡縣徵辟皆不就
王弘之字方平上虞人初仕晉爲司徒主簿後棄去
家貧性好山水宋武帝辟召一無所就性好釣上虞
江有勝地名三石頭弘之常垂綸於此經過者不之
識或問漁師得魚賣不弘之曰亦自不得得亦不賣
日夕載魚入上虞郭經親故門各以一兩頭置門內
而去謝靈運顏延之皆與之游
唐　秦系字公緒會稽人自號東海釣鰲客有詩名于
天寶間嘗結廬泉州南安九日山穴石爲研注老子

刺史數往見歲時致餽而系未嘗至城府姜公輔之謫見系輒窮日不能去築室與相近忘流落之苦張建封言系不可致請就加校書郎後遭亂避地剡溪東渡秣陵既卒南安人思之號其山爲高士峯

孔述睿山陰人梁侍中休源八世孫少與兄弟克符克讓篤孝偕隱嵩山而述睿性嗜學大曆中劉晏薦於代宗累擢司勲員外郎史館修譔述睿每一遷即至朝謝俄而辭疾歸以爲常德宗立拜諫議大夫兼賜第宅固辭久乃改秘書少監以太子賓客還鄉

[五代]石延翰新昌人父渝兄延俸皆仕吳越錢氏翰獨

耻之隱居沃洲山白雲谷以書史自娛後贈白雲先
生

宋趙宗萬字仲囦山陰人少知名錢忠懿入朝欲與
之俱以親老辭既長博極書傳用進士應詔籍於春
官宗萬天資瀟散於世故澹如也壯歲築室於郡之
照水坊左瞰平湖前挹秦望峰一鶴號丹砂引以爲
侶足跡不及高門鼓琴讀書怡然自適者三十餘年
祥符中詔舉遺逸郡守康戩以宗萬薦尋被召乃曰
吾老矣不足以任事因獻跛鼈傳以自見且請自託
于道家者流朝廷不奪其志即其家賜以羽服後十

餘年卒華鎮言宗萬神宇清明識度夷曠終日凝淡若嬰兒真方外之士然取捨去就之際則確乎有不可奪者善八分草隸書通俞扁術或辟穀導氣嘗爲詩曰斗懸金印心難動屛列春山眼暫開蓋其志也

王易簡字理得山陰人尚書佐之玄孫登進士除瑞安主簿不赴隱居城南讀張子東銘作疏議數百言易簡生而穎異幼喪父哀毀如成人事伯姊甚謹尤賙恤其族撫兄之諸孤如其子多所著述

石余亨字成巳新昌人登咸淳進士仕於鄞於衢巳而棄官歸沃洲自號休休翁避丙子之亂奔走萬山

中更號遁翁平生自喜爲詩文孫璞欲梓遺稿弗許曰聊以適吾意爾未必名家已而慨然曰吾家更八九世皆不失素業至余身益窮今老矣然不辱於盜賊不死於道路獲奉遺體下從先君子于九原亦幸矣因預爲之銘銘曰膠膠乎申申乎將久存以瘁余形乎寧亟歸以全余真乎悲夫

吳大有嵊人寶祐間遊太學率諸生上書言賈似道奸狀不報遂退處林泉與林昉仇遠白挺等七人以詩酒相娛時人以比竹林七賢元初辟爲國子檢閱不赴卒塟戴顒墓左所著有松下偶抄

石公孺字長孺待旦曾孫爲人警敏孝友有經術不求仕進高宗詔求遺逸使者朱異薦其長於三傳召對稱旨命之官固辭高宗曰卿當爲朕勉受一官乃授廸功郎進其所作春秋類例命藏舘閣再授監南岳不就還山

楊子祥字吉甫餘姚人父克和明春秋學學士多宗之子祥卓犖有奇氣言行侃侃必稽於道江萬里異之舉爲縣監稅不就教授海濱學徒甚盛遭宋亂兵興避地西浙時劉夢炎事元爲吏部尚書雅聞子祥賢欲致之子祥不顧東還遇鄧牧謝翱及方九思於

臨安九思者亦姚人自言有司馬子長之風相與吊古賦詩徜徉湖山間復有薦此數人者乃皆去歸其鄉而子祥歸姚杜門著書垂二十年而卒

葉仲凱餘姚人博涉經史奮屬文咸淳甲戌禮部正奏名爲當國者所忌罷歸會代易終身不仕或勸之曰君未食宋祿今仕元何不可而甘貧賤仲凱對曰吾聞周德雖興夷齊不厭薇蕨漢道方盛黄綺無悶山林人各有志柰何遠之勸者乃止仲凱教授鄉里敦篤之風藹然爲詩歌寓廢興存亡之感故老往往置不忍讀金華黄溍序之

元黃奇孫字行素新昌人度曾孫也敦行誼有古風師事俞浙石余亨韓性該博經史避元隱居不仕所著有南明志蚓鳴集及輯其祖三朝言行錄藏于家

潘音字聲甫新昌人幼聰敏強記能文生甫十歲而宋亡見長老談厓山事即潸然涕下及長讀夷齊傳擊節憤嘆益以事元爲恥日惟杜門讀書談道多所自得後訪弟元甫於義烏因往從草廬吳澄學泰定間澄以薦召欲行音勸止之不從遂歸築室南洲山中自名其軒曰待清隱居所著有待清軒稿　祀鄉賢

王孚字宗孚山陰人元蘭亭書院山長中元第五子

孝友淳朴動遵禮度爲後進儀表以先世有田廬在茭湖時方擾亂同昆季渡娥江寓馬柱門畏影晚年益敦友愛與弟宗尹哦咏自怡相繼而終俱無子孚有山林餘興詩稿

吳雄字一飛諸暨人性易直從金華胡長孺遊以古人自期有地理卜筮諸書考歷詳盡嘗辟本州儒學正不就時人稱爲碧厓先生 祀鄉賢

張爚嵊人少孤立不凡自以家世宋臣絕意仕進作休休吟以見志自號莘疇居士所著有記蹟錄每日所行必書之以自考至老不輟云

許汝霖字時用嵊人至正丙寅進士累官國史編修已而退居張士誠據淮浙羅致士大夫霖遯走求之弗得元運改遂歸隱於嵊洪武初徵至京未幾乞歸宋景濂以文贈之所著有東岡集禮庭遺稿

皇明呂不用新昌人初名必用字則行嘗應元鄉舉有奇名稍長悟曰吾家世宋臣仕胡非義也遂更名不用字則耕率諸弟畊石鼓山下以奉二親已從金華黃溍學博涉經史爲詩文翩翩有逸氣時與宋濂劉基相唱和及基翊輔　高皇帝屢欲薦之以聾疾固辭晚年應經明行修辟授本學訓導時亂餘禮經

晦餙率諸生綜聱蒐剔親爲疏解且訂集朱子家禮
行之一時翕然向化後以聾疾退居因自號石鼓山
聾所著有得月稿牧坡稿力田稿
呂九成字宗學與兄不用九思時稱三彦自以宋室
世臣不肯仕元兩兄倜儻有才名而九成澹泊雅循
時時誦說温公晦庵之書言動由禮不與時移易其
後兩兄以徵辟仕　本朝九成竟隱約終身弦歌自
適欣如也同宗子弟咸敬事九成如嚴師一少年被
酒侵九成從者欲毆之九成曰勿校狂兒且死矣已
果爲盜所殺嘗戒子孫勿游市井曰此最壞人心術

後百餘年天水胡纘宗行部至新昌乃爲九成立碑
曰逸民云

董荆字宗楚新昌人曾之子也博學好古長於詩文尤善畫所著有琴徽漫稿　國初隱居不仕洪武十七年舉博學宏詞　上親問治道稱旨授縣丞辭不就

王紹原字復初山陰人自幼嗜學治毛詩刻意吟詠伯仲五人值元季兵亂家盡廢紹原偕諸弟攻苦食淡怡如也及海內既平於舍旁闢一軒扁曰畊讀與常所往來觴咏自娛灑然無世累有畊讀集傳于世

章鏓字克平會稽人性孝友博學工詩宣德間兩徵不起風節凛然爲世所推魏文靖銘其墓曰隱遯不汚南村一人而已

胡禎字用良新昌人甘貧慕古絶跡城市士大夫聞其名或造廬而見之結草亭於宅外聚古今圖籍終日吟誦其中不慕仕進所著有草亭愚辨諸書古淡平實有關世教與江浦莊泉嘉禾呂原以詩文相友善泉嘗寄以詩云聖主狂奴自古容溪山此意便無窮誰知宇宙千年病我與先生一樣風越水以東惟剡曲子陵而下幾漁翁閒忙莫問今誰是時止時行

道只同其見許如此

許璋字半圭上虞人淳質苦行潛心性命之學其於世味泊如也嘗躡屩走嶺南訪陳先生獻章其友王司輿以詩送之曰去歲逢黃石今年訪白沙歸途遇一方伯重其人留之旬月至忘形骸旦夕引妻子出見既別去人問方伯夫人何狀璋答曰都不省記矣王文成公初養痾陽明洞唯與璋輩一二山人兀坐終日或共參道妙互有資益其後擒逆濠成功歸每乘筍輿訪璋山中菜羹麥飯信宿不厭璋歿後文成題其墓曰處士許璋之墓屬知縣楊紹芳立石焉時

嘉靖四年也璋於天文地理及孫吳韜畧奇門九遁之術靡不精究正德中與文成遊嘗西指曰帝星今在楚數年後君自見又謂其所居北山里當大發祥顧吾子孫無當之者北隣陳氏兄弟非凡人强委之去陳今子姓蕃衍甲第蟬聯人稱半縣陳其占卜奇中多類此

徐文彪字望之上虞人抱道積學工詩文正德初舉賢良文彪以母老辭有司敦趣迺行當是時逆瑾方專恣而餘姚謝文正以忤瑾謝事去文彪至京試吏部用蕭傳恭顯語瑾覧策且以爲文正鄉人怒甚下

之獄榜掠幾死械戍鎮番鎮番接壤流沙在中國萬里外文彪處之怡然諸武弁子弟相率來學與之論說不倦居三年瑾誅乃赦還初文彪二子子奎子厚聞父難奮以死從兄弟耦而往屬虜旁塞阽危百端乃達戍所卒掖父以歸歸二十有七年而卒時餘姚徐子元周禮應聘與文彪同下獄遣戍亦同而文彪所造特深當罹禍時賦詩慷慨無戚容及歸廬西山益事嘯咏絕不談往昔事性復好施予創義田賑饑恤死鄉人咸德之所著有貞晦集若干卷　祀鄉賢

王埜字貞翁山陰人生有異禀家貧肆力經史絕意

仕進築室臥龍山南教授自給守介而氣和鄉人上雅慕重之郡守洪珠屢造其廬扁其堂曰逸士晚歲喜讀易習養生夷猶山水間自號蛻巖道人壘石爲生壙於亭山之麓題曰小芙蓉城爲詩冲澹自得書法逼趙吳興所著有周易衍義蛻巖詩集蛻巖詩話百別詩絃誦新聲所編輯有紹興名勝題咏五燈集要湖山紀遊諸集壄無子有女曰蘗孱適胡氏而寡無所依依父以居女紅極精巧嘗貿以供朝夕亦能詩然不多作婺居十餘年先父歿歿而檢笥中得詩數十首毋焚香誦經有詩云禮佛焚香易修行定性

難古來成道者心肺鐵般般可以觀所存已莝小芙蓉城側鄉人題曰節婦王龔屛墓埜歿鄉人思之請於郡守梅守德即故居立石曰王隱士里同時有王琥者詩才與埜相伯仲而端謹不逮云

楊珂字汝鳴餘姚人始爲諸生每試輒高等已而從王文成學稍厭薄時義會沙汰例嚴督學使者按越檢察舉子無異錄因珂歎曰是豈待士者哉遂拂衣歸隱居秘圖山養母以孝聞餅粟屢空晏如也爲詩蕭洒不羣書得晋人運筆法而自成一家機軸晚歲益夷曠飲酒浩歌終日不亂遠近咸愛敬之珂同時

有山陰陳鶴者字鳴野家世本百戸侯鶴少年輒棄去研精詞翰名重一時又善畫水墨花草獨出已意最爲超絶蓋其風韻在珂右而豪放不羈頗見疾於禮法之士云

紹興府志卷之四十六

紹興府志卷之四十七

人物志十三

列女

自　明興以來而越中以節婦稱者何其衆也豈非家習於禮教不扶自直哉夫傳列女者自劉子政始然孽嬖亦録焉至范史乃止録賢顧亦不專發節蔡文姬以才學著是亦辯通類耳乃今世則非節無稱也豈謂女德難徵惟兹事表表在耳目可得一切乎然而至難核者莫節若也舊郡志所記六代以上不數人唐無聞焉宋以後乃頗有述然亦多因節乃著

曹娥雖云以孝其志固貞烈者也若夫孫妻劉毋則庶幾桓少君孟德曜之義矣德曜雖避跡會稽寔在吳故不記新昌志賢德其以劉母重乎以余所聞若史庶之馮雖不著奇烈然其中懇篤勤劬以求不隕其世非彼趨名者比也况補闕妻妾跡太奇易傳而難旌又有妻而明貫魚之義妾不見御終身孤寢誓不嫁其行誼皆足以風世而竟淪沒無稱悲矣夫節士猶附驥乃顯矧夫笄流三復青雲之談以爲太息。

周越王句踐夫人不知何氏女王入臣於吳夫人與群臣送別於浙江之上夫人乃據船哭顧烏鵲啄江

渚之蝦飛而復來因作烏鳶之歌越王心內慟乃曰孤何憂吾之六翮備矣遂入吳已而夫人從王居吳石室衣無緣之裳施左關之襦給水除糞洒掃三年不慍怒面無恨色與王坐馬糞之傍夫婦之儀具吳王望見傷之其後越王伐吳夫人送王不過屛去笄側席而坐安心無容三月不掃

楚昭王越姬越王句踐女昭王燕遊蔡姬在左越姬參右王親乘駟以馳逐遂登附社之臺以望雲夢之囿觀士大夫逐者既懽顧蔡姬曰吾願與子生若此死又若此蔡姬諾王命史書之乃復謂越姬越姬對

曰昔先君莊王淫樂三年不聽政終而能改卒霸天下妾以王爲能法先君將改斯樂而勤於政今則不然而要婢子以死妾聞之諸姑婦人以死彰君之善不聞以苟從其闇死而榮妾不敢聞命王寤敬越姬之言而猶嬖蔡姬也居二十五年王救陳二姬從王病在軍中有赤雲夾日如飛鳥王問周史史曰是害王身然可移於將相將相聞之請以身禱王曰將相之於孤猶股肱也今移禍焉庸爲去是身乎不聽越姬曰大哉君王之德以是妾願從王矣昔日之遊淫樂也是以不敢許及王復於禮國人皆將爲王死而

況於妾乎請願先驅狐狸於地下王曰昔吾戲耳若將必死是彰孤之不德也越姬曰昔妾雖口不言心既許之矣信者不負其心義者不虛設其事妾死王之義不死王之好也遂自殺王薨蔡姬竟不能死王弟子閭與子西子期謀曰母信者子必仁乃伏師閉壁迎越姬之子熊章立是爲惠王

漢曹娥上虞人父盱能絃歌爲巫祝漢安二年五月五日於縣江泝濤迎婆娑神溺死不得屍娥年十四乃沿江號哭晝夜不絕聲旬有七日投衣於水祝曰父屍所在衣當沉衣隨流至一處而沉遂隨衣而沒

經五日負父屍出。元嘉元年縣長度尚改葬娥於江南道傍爲立碑邯鄲淳撰文甚工見祠祀志

孟淑上虞人中郎將質之女年十七當嫁適聘禮既至爲盜所刼淑祖父操乃對戰不敵見害淑哀慟毁形以致盜由巳乃冐爾難曰微淑禍不生以身害祖雖活何顔於是自經而死

上虞孝婦不知何氏女養姑孝姑年老壽終爲夫女弟所誣論死孟嘗時爲郡吏爭之不能得經與東海于公事相類詳見嘗傳舊縣志云是包全女今包全載孝義傳云全以孝聞未知孰是

吳翟素永寧人方受聘遇賊不屈死朱育對其女則

永寧翟素遭寇刼賊死不虧行

晉虞潭母孫夫人富春人吳大帝族孫女也適餘姚虞忠忠死國事孫尚少誓不改節子潭自幼童便訓以忠義永嘉末潭爲南康太守值杜弢構逆孫以死義勉潭又傾貲佐其軍潭遂克捷及蘇峻作亂潭時守吳興假節討峻孫又戒之曰汝當舍生取義勿以吾老爲累仍盡發其家童令隨潭助戰貿所服環珮以爲軍資是時會稽內史王舒遣其子允之爲督護孫謂潭曰王府君遣兒征汝何獨否潭即以子楚爲

督護潭累功封武昌侯立養堂事母王導以下皆就拜謁咸和末卒年九十五成帝遣使弔祭謚曰定忠潭皆有傳

張茂妻吳郡陸氏女茂爲吳郡太守以討沈充遇害陸憤激傾貲率部曲討充先登殊死戰克之乃詣闕謝茂不克之罪詔曰茂死妻忠畢門義烈遂與茂俱得褒錫茂見忠節傳

王羲之妻郗太尉鑒女工書晚年王尚書惠嘗往看之問眼耳未覺惡否答曰髮白齒落屬乎形骸至於眼耳關於神明那可便與人隔婦人集載謝表曰妾

年九十孤骸獨存願蒙哀矜賜其鞠養義之見寓賢
傳
王凝之妻安西將軍謝奕女字道韞聰識有才辯叔
父安嘗問毛詩何句最佳道韞稱吉甫作頌穆如清
風仲山甫永懷以慰其心安謂有雅人深致安嘗寒
雪日内集與兒女講論文義俄而雪驟安欣然曰白
雪紛紛何所似兄子朗曰撒鹽空中差可擬道韞曰
未若柳絮因風起安大笑樂又嘗謂弟玄曰汝何以
都不復進謂是塵務經心天分有限及遭孫恩之難
舉措自若既聞夫及諸子已爲賊所害方命婢肩輿

抽刃出門亂兵稍至手殺數人乃被虜外孫劉濤年數歲賊欲害之道韞曰事在王門何關他族必其如此寧先見殺恩雖毒雪爲之改容乃不害濤自爾嫠居會稽家中莫不嚴肅初同郡張玄妹亦有才質適顧氏玄每稱之以敵道韞有濟尼者游於二家或問之濟尼答曰王夫人神情散朗故有林下風氣顧家婦清心玉映自是閨房之秀道韞所著詩賦誄頌並傳於世

孫暠妻餘姚虞預女預與兄喜並有高名世家多求預女預未許暠富春人字文度年少孝友世家亦多

願妻晷而晷亦皆無所許晷心甚慕喜兄弟於是聘預女女家奕世富貴裝遣甚富晷侯家子而嘗布衣疏食躬耕壟畝女之歸也其父叔戒之曰棄華從質以諧夫子於是女乃奉父之敬甘淡薄躬辛苦晷甚安之相與耕織以給衣食事親讀書怡然自適君子以爲可比梁鴻夫婦

公孫夫人剡人失其夫姓名以節操聞鈕滔母孫氏爲作序贊序曰資三靈之淳懿誕華宗之澄粹奇朗兆乎齠齔四教成於弱笄慈恩温恭行有秋霜之潔祗心制節性同青春之和敦悅憲章動遵規禮居室

則道齊師氏。有行則德配女儀。禮服有盈。籩豆無闕。
贊曰猗歟夫人天資特挺。行高氷潔。操與霜整。性揚
蘭房。德振王頴。猗彼瓊林。奇翰有集。展彼碩媛。令德
來緝。動與禮遊。靜以義立。

宋　吳翼之母丁氏女翼之永興人丁少喪夫不再行
性仁愛遭年荒分食以飴里中饑餓者鄰里求借未
嘗違同里陳攘父母死孤單無親戚丁收養之及長
爲營婚娶又同里王禮妻徐荒年客死丁爲買棺器
自往斂埋元徽末大雪客旅斷行村里比室饑餓丁
自出鹽米計口分賦同里左僑家露四喪無以埋丁

爲辨冢槨有三調不登者代爲送長子婦王氏既寡
亦執志不嫁詔表其閭蠲租稅
朱百年妻山陰孔氏女有高節與百年同隱詳隱逸
傳
陳氏三女會稽寒人無兄弟祖父母年八九十老無
所知父篤癃母又不安其室遇歲饑三女相率於西
湖採菱蒓更日至市貨賣以資養未嘗虧怠鄉人高
其義多欲娶之長女自傷煢獨誓不肯行祖父母及
父相繼卒三女自營葬爲菴舍居墓側
王氏女永興概中里人五歲得毒病兩目皆盲性至

孝年二十父死臨尸一呌眼皆出血小妹娥舐其血
左目即開人稱爲孝感
[齊]陳婺妻剡人少與二子寡居好飲茗以宅中有古
塚每飲先祠之二子欲掘去母禁而止夢一人曰吾
止此三百餘年賴相保護又饗吾佳茗雖潛壤朽骨
豈忘翳桑之報及曉於庭内獲錢十萬於是禱酹不
輟陳年九十餘終
屠氏女諸暨人父失明母痼疾親戚相棄女移父母
遠住紡舍晝樵夜績以供養及父母卒負土成墳感
山人授巫術爲人療疾多愈家産日益鄉人多欲娶

之女以無兄弟誓守墓不嫁爲山賊所殺

［梁］張楚媛僕射稷女適會稽孔氏無子稷爲冀州刺史州人徐道角作亂楚媛大歸適逢稷見害遂以身蔽刃先父卒稷見名宦傳

張彪妻天水人散騎常侍楊皦之女有容貌彪之兵敗還入若耶山也陳文帝遣章昭達領千兵重購之幷圖楊比彪見殺昭達進軍迎楊拜稱文帝教迎爲家主楊便改啼爲笑但請殯瘞彪既畢還經彪宅謂昭達曰辛苦日久請蹔過宅粧餙入屋遂割髮毀面哀哭慟絕誓不更行文帝聞之歎息遂許爲尼後陳

武帝軍人求取之楊投井決命時寒氏出之垂死積火温燎乃蘇復起投於火彪見忠節傳

宋張孟珪妻會稽方氏女夫卒時子甫二歲方年二十四遂守節終身

孟道淨會稽人許字章璘未歸而璘卒道淨誓不再嫁未幾兄嫂相繼卒道淨獨事父母無所缺撫兄遺孤二人皆成立

倪夢應妻諸暨孟氏女夢應爲海門尉早世孟刻苦不嫁教子孫以仁厚餘粟出糶必縮直十二三歲以爲常

張軫妻趙與婉諸暨人宋宗室女軫死義趙孀居教其子復敎事詩書

胡宗伋妻餘姚莫氏女通經學年踰三十擇配未嫁聞宗伋賢許嫁之姑有疾莫剺臂祈代鄉人爲作孝婦詞宗伋好慕義莫副之無怠宗伋嘗挈莫就南宮試客久甚困莫以女紅助給衣食遭金兵氾闕倉卒南奔宗伋感疾良苦莫勉之曰丈夫當殫志報其弟姪書謂宗伋父子自恨儒生無可報國死生非所論其引義慷慨如此後以子沂貴封淑人宗伋沂俱有傳

莫子純毋餘姚虞氏女幼習詩書既歸莫則力任粗

作晝夜無所厭而高筆雅韻常在事外夫死焚約棄責趣其子子純學子純發解南宮及廷試俱第一後子純連補外夫人無慍容常曰吾憂吾兒不及古人他復何覬子純見鄉賢傳

岑斌妻餘姚王氏女早寡或利其裝欲強委禽王曰是賈禍也盡散以周宗鄰既年子全登科有官有司欲上其節行於朝王令全謝止之卒年八十有二全見鄉賢傳

朱娥上虞朱回女幼失怙特鞠于祖母治平三年二月祖母詬其族人朱顏顏怒手刀刺焉娥方十歲躶

執其衣知力不勝又仆卧而制之頰不得逞祖母頼
以脫去頰怒霜刃累揮而手不釋遂斷其吭而死詔
賜粟帛鄉人義之爲立祠熙寧十年會稽令董楷以
配祀曹娥

劉安世母新昌石亞之女安世除諫官以母老辭母
曰諫臣當捐身報國汝但好爲之若得罪流竄無問
遠近當從汝後果南遷石欲與俱安世百端懇免不
聽徧歷惡地母子終無恙

石公岩女新昌人宣和中方臘寇縣女被執紿曰願
容粉澤賊然之即取剃刀自刎

張行先妻新昌王氏女早寡夫死靡他咸淳中以子
某貴封太孺人年百歲
王友任妻諸暨方氏女友任父厚之所積書籍甲於
海内友任爲南昌令卒子澹尚在懷抱方闔棲居蔵
之嘉定中柄臣遣使者書幣指求再三竟謝不與
呂瓊妻新昌石氏女瓊逃元難溺死錢塘江石適歸
寧憂夫告之故且云側室吳今育男六指盍歸視之
石氏寤而駭愕徒走歸則生男矣果六指也既喜且
泣已乃得夫凶問遂哀泣撫遺孤與吳偕守
[元]俞新之妻山陰聞氏女大德四年夫歿聞年尚少

即斷髮自誓姑久病風且失明聞手滌溺穢時漱口
舐其目目爲復明及姑卒率子親負土塟之

李如忠妻山陰馮氏女名淑安字静君如忠東平人
仕爲武寧尹僑居越城初娶探馬赤氏生子任後娶
淑安生子仕仗至大二年如忠卒淑安年甫二十七
長子任乃卒探馬赤氏之黨來罄其家資去淑安竟
不渝志有強之者輒爪面流血因權厝如忠於蕺山
下廬墓哭泣鄰里不忍聞居越十六年至二孤有立
始奉柩歸塟留仕奉祀東平携仗還越白首無議

王子純妻山陰張氏女生子甫二歲純卒紡績自給

無貳志
朱淑信山陰人失其夫名必寡誓不改適一女名姒淨以哭父喪明家貧歲凶毋子苦節自勵邑人王士貴賢之娶其女
郁景文妻徐氏女蔡彥謙妻楊氏女俱山陰人居南池村至正十九年越州罹兵二婦被驅迫以行乃紿兵曰願歸取奩資縱之皆投井死
徐允讓妻山陰潘氏女名妙圓至正十九年與夫奉其舅安避兵山谷間遇冦斫安讓呼曰寧殺我冦捨安殺讓將辱潘潘紿曰若能焚吾夫則吾無憾焉冦

聚薪焚其夫火方烈潘赴火死

徐慎妻山陰人王氏女至正十九年兵亂被執赴水死

張正蒙妻山陰韓性女正蒙爲德清稅務提領毋喪廬墓南池至正中大兵至正蒙謂韓曰吾爲國臣於義當死韓曰君果死於忠吾必死於節遂俱縊女池奴年十七曰父母旣死吾何獨生投崖死次女越奴晝匿山中夜守屍傍尋餓死趙經歷率衆瘗之

吳守正妻會稽禹氏女名淑靖字素清至正十六年徙家崇德石門是年夏盗陷崇德淑靖倉皇携八歲

女登舟以避俄有盜奔舟淑靖抱女赴水死

馮道二妻會稽人不知何氏女至正末亂兵至柵頭執道二殺之露刃脅婦婦引頸受刃死

丁京妻蕭山吳氏女元季兵亂吳攜女仁奴出亡遇兵於途將俘之皆不屈死里人立雙烈祠

楊伯遠妻蕭山西興王氏女至正間江水爲患伯遠爲里正築堰不就日受責王氏痛之割股投于水沙漲堰成因名曰投堰至今存

張鯨妻蕭山曹氏女生四子而寡年二十二貧不貳志八十六卒

顧應法妻蕭山余氏女名守玄夫歿時年二十五至正三年旌八十四卒

吳世澄繼妻蕭山賨氏女至正間世澄爲兩浙運司廣盈庫大使卒賨年二十八生一子準守節不移撫育前妻子如已出朝廷旌其門準官兵部主事

王琪妻諸暨蔡氏女至正中張士誠陷諸暨蔡避亂長寧鄉山中賊兵卒至道傍有造紙鑊方沸遂投其中死賊驅其從娌娌曰主母死我可驅乎賊怒殺之

張英妻諸暨莊氏女名淑貞至正十九年舉家避亂靈泉鄉已而張寇攻新城掠之罵賊死英見方技傳

趙宜震妻諸暨郭氏女名靚元季之亂夫婦伏莽倉中數年始歸而宜震死郭年少苦節遣孤從師以練布爲贄師辭之乃令孤致詞曰非此無以成弟子禮苟憐死者而及其孤則請勿辭後疾革呼其孤曰爾既有成我以得死爲幸

樓思忠妻諸暨斯氏女名鞠字妙善元末避亂山谷間師忠出負米猝遇鋒鏑卒斯年二十六後一年師忠弟師實亦遇遊兵卒妻何王年十八巳師實弟師彰卒妻陳婉年二十一從子珏又卒妻錢年二十九皆不嫁人稱一門四節又有吳璟妻鄭貴澄璟弟晌妻

貴澄從妹貴深瑜弟瑛妻黃昭從子儉妻斯氏亦一門四節

李通妻王秉通弟遠妻阮貞諸暨人通遠相繼夭歿元李遊兵掠境二婦避地紡績自給洪武十六年旌表雙節

韓孚妻餘姚黃氏女名妙權歸孚五月而寡以猶子賁爲後至正初上塘千戶曳刺知其殊色使媒者以權貴動之妙權叱之曰千戶受朝命衛民者乃欲奪寡婦志耶曳刺不敢復強既而方國珍有驍將藁某復欲脅娶之妙權操刃劃檻曰敢越此戶議婚者吾

以頸血濺之葉將懼而止

姚孝女餘姚人適吳氏父早世母何養於女家一日母出汲水俄聞覆水聲女亟出視則虎銜其母女乃追掣虎尾尾脫因握拳毆虎虎驚舍其母藥之獲愈奉母踰二十年卒

高義婦餘姚人初許張氏子已而張病瞽云聽改卜父母將諾之婦涕泣曰何面目立人世耶卒歸張

王文榮妻餘姚張氏女名妙真性至孝其姑老且死祝曰願新婦如我壽且後多賢後生嘉閭兄弟五人皆有才望初以高年者德被殊旌後嘉閭貴復封太

原郡君壽百有四歲曾玄孫幾百人如其姑之祝云
文榮有家孫伯純亦娶張氏女年二十一而寡守志
不貳與妙真同日被旌
楊彥廣妻餘姚董仲安女名淑貞生子鎮甫歲餘彥
廣死淑貞年十八以死自誓
柳氏二節婦上虞柳宗遠妻唐其婦陳也唐同邑子
華女歸宗遠二年生子桂而宗遠卒唐誓無他志子
桂長娶陳桂亦卒婦姑相守皎若秋潭霽月太史宋
濂爲作傳
胡妙端嵊人祝氏婦至正二十年苗僚虜之去至金

華乘間齧指題詩石壁赴水死
商淵妻嵊張氏女名貞時兵亂聞白泥墩有一婦掠
于軍賦詩自經曰一旦危急當如此至正二十年兵
至果赴水死
周如砥女不知何許人如砥至正中爲新昌典史避
兵客僧嶺女年十九未適人被執賊曰我未娶當以
汝爲妻女罵曰我周典史女也死即死豈能從汝耶
遂遇害
新昌崔恒妻天台徐氏女早嫠至正二十年兵亂逃
牛囤山被執投井死年十八

張彌遠妻新昌謝氏女至正二十年兵亂不屈死

黃元珪妻新昌俞氏女至正二年歸寧值南征軍過火其母家擁之去躍入火死

張減妻新昌章氏女名孝行至元二年從其姑逃亂巖芝之山爲軍所掠不從遇害姑在叢棘中抱其屍慟哭而絕

皇明朱偉妻山陰馬氏女名德真家病疫舅與夫偕亡姑張亦病篤德真艱難侍姑姑愈母家欲奪其志斷指爲誓姑歿撫膺大慟翌日死

山陰周氏女年十九適蕭山汪欽欽兄弟五人俱夭

歿獨父湛及母在夜有刼盜湛起禦之遇害盜盡掠其貲去周號泣曰貲不足惜何乃刄吾舅誓不與賊俱生挺身訴于官不獲則走奏京師衣不解帶者三年竟獲其盜二十人斬于市

孫妙吉山陰人適吳善慶善慶死孫尚艾無子持節不易叔祖小觀納鄰邑人幣將奪嫁之孫聞乃紿曰幸得供佛爲亡夫禍小觀如其言孫沐浴更衣禮佛頃之走縊夫墓木而死小觀怒殘其屍覆瘞于土聞者嗟吁肰其家甚微不能聞諸有司爲可悲云

蔣倫妻山陰戴氏女名毓齡早寡有節行既老鄉人

欲上其事輒止之曰常事耳何煩官府

鄭翰卿妻山陰徐氏女翰卿出遊山西十年不返徐獨奉舅姑姑疾劇籲天請代疾遂愈後翰卿歸旬日病卒徐嘗殮畢嘆曰嚮不忍死以夫在耳今夫死矣何以生爲絕粒七日卒

包慎妻山陰徐氏女慎死無子右族利誘其姑及其夫之弟欲強娶之不從其姑故投以艱事冀變其志徐知不免自縊死

吳曇妻山陰嚴氏女曇死無貳志子顯舉進士官刑部郎娶曲阜孔淑貞寔宣聖五十九代孫顯卒于官

淑貞扶櫬南還舟抵濟寧氷合去父母家數里許固
辭不履岍比至顯家闔戶毀容苦節自終嚴成化間
旌孔弘治間旌
周英妻山陰何氏女年十歲受英聘未幾英遘癩疾
父母欲背盟女曰兒之不幸也曷敢貳志卒歸英後
英竟以前疾死何堅操不改七十餘歲卒
徐文佩妻山陰鄭氏女文佩病亟囑鄭曰我死無子
汝將若何鄭泣曰倘君不幸俟季叔有子即吾子也
時季叔文偁之妻童始妊尋果子鄭喜襁抱示其夫
夫以告祇兒首遂卒明年文偁亦卒童與鄭共撫遺

孤無貳心

范氏二女會稽人幼好讀書通列女傳長適江氏一月而寡次將歸傅氏而夫亡二女同守節别築一垣圍屋數椽田十畝於内以自居種穫有時父率傭以入餘日則閉户相對雖灌田亦溝引而已如是者踰三十年復自爲塋于止水墩死竟合葬焉族人以其遺産立祠

宋允中妻會稽魏氏女年十六贅允中僅三日允中歸尋歿其家火之投骸澗水魏奔號就水拾骸瘞夫家圃中服喪三年父母欲嫁之則號泣欲自殺家人

知不可奪然業已受他幣第嚴爲之守比迓者臨門守稍弛魏乃潛之圃中自縊死

吳氏女會稽人適庠生朱泰性至孝其姑唐病痿而性頗暴時加箠撻常跪受已輒起進飮食雖如也自食麤糲布褐常不完而姑之膳藥極精好既而泰死無後或勸之他適輒號踊欲絕奉其姑益謹卒與姑相繼歿陶文僖重其節爲白于官捐貲創祠祀之隆慶三年旌

陳曙妻蕭山張氏女受聘後陳日寥落不能娶父將有異議張曰受陳聘即陳妻也寧死不願更夫後歸

陳未幾曙李與姑同寢一旦白姑曰天氣甚熱可獨宿姑聽之是夕即自縊于床距夫亡未三月也

蕭山徐黼妻胥江李氏女黼爲胥江訓導娶李爲繼室未期黼卒于官父憫其年少又未有子乃誘歸別毋集諸姑姊懇留之遂圖自盡於是聽其行扶櫬歸葬畢毀容自守撫其前妻子一元如已出已而一元死撫其孫孫死又撫其曾孫勤勞白首不怠嘉靖十四年旌

周本恭妻諸曁趙孟德女名淑少時父嘗授孝經列女傳等書年十八歸本恭十一年而恭卒時值兵亂

趙齧指誓志挈孤從一媵避山谷間饑餓顛踣無貳心亂既定還家治麻縷自給夜燃松脂舉詩書口授諸孤其兄公亦早死而遺其孤趙撫之愛於已子婚娶亦先焉後皆成立

酈浹妻諸暨馮氏女名寶娘適浹未數月浹卒馮年二十三以姪檻爲嗣苦志自守婢子有殊色人求娶馮亦命之辭曰願與主母同老終亦不嫁其後浹墓產連理木一株馮年八十卒婢亦年七十餘

吳氏女諸暨人年十六歸蔡溫明年溫歿守節八十五年一百一歲乃卒

餘姚張貞妻番陽進士徐勉之女能讀書鼓琴爲詩歌適貞貞有奇節愛義好施家素豐饒後乃不給徐入門未嘗以貧苦嬰情常與貞終日清坐取琴而彈有遺世之心其姑年老被疾徐扶持保抱不少怠菽水承顔甚得姑心姑每歎曰傷哉吾貧久矣然吾得至今日吾子日熙熙而忘憂者皆子婦之力云

竇烈婦京師人餘姚姜榮妾正德中榮自主事謫判瑞州適缺守榮護郡符有華林賊攻瑞城榮出拒戰城破賊入榮舍竇匿其符被虜以行憂榮未知符所有郡民盛豹一父子亦在賊中求還其一人竇爲請

賊許焉乃寄語還者以符所且曰吾必死矣歸報官府毋我念行至花塢村見道傍有井佯渴求飲賊縱之遂投井死事聞　詔表其門立祠祀之

諸仕俊妻餘姚舒慶女名貞年十八歸仕俊仕俊故以客授爲業既娶貞稍猶豫貞曰人將謂我何力贊之行未兩月訃至貞哀慟屢絶即爲位朝夕泣奠奠訖輙慟不自持若是者三月及仕俊骨歸貞親嘗殯瘞之時往展墓悲哀不忍去其姑念身已老家貧恐後無依謀嫁之而其父母復受人重賂貞知不免乃紿父曰俟吾薦夫畢惟父所欲適於是賣其衣裝

擇日治齋供供畢漏下巳四十刻矣速其母與姑俱就寢沐浴衣麻衣以長裹結之而截其餘帶用素帛褁其足取夫婦故所服御實一篋中内以火乃自經焉俄而火熾衆驚赴之則貞已絶矣

吴江妻餘姚李氏女舅姑與夫俱染疫李周旋湯藥旬日不少怠既而舅與夫俱死家故貧經此兩喪愈益貧含哀紡績以養姑及幼子而已恒凍餒時年纔二十耳明年有黄其者謀娶焉其夫族吴琰者貪賄無耻人也黄厚賄琰使嘗其姑而以尊劫之不從琰乃陰與黄氏及父家約稱其母暴病肩輿迎李李倉

卒升輿然非故道心疑之既及門非父家也姑亦尋至布几席速之成禮李佯曰所以不欲嫁者爲姑老無依也姑既許之復何言然妾自夫沒未嘗解帶今願一湯沐又問聘禮幾許姑曰幾許曰謹藏之衆喜具湯湯至求如厠久之不出闢戸視之則已經矣

滑鳳妻餘姚陳氏女歸鳳未期而滑賈荊襄間十一年不還衆謂滑已死矣舅姑輒欲嫁之婦曰使鳳果死婦當以死事舅姑鳳苟生遠而婦已嫁婦固罝不論在舅姑亦何以解其子乃斷髮誓守鳳果還數月而鳳復去無歸期方是時婦已誕一子饑寒辛苦未

嘗幾微怨恨正德十六年邑内大疫其姑疫且死陳籲天曰妾夫客于外今姑遘危病妾聞人肉可療死願刲肉以進惟天神默祐俾姑更生得再面其子妾死無恨遂以左股和羹進姑竟愈嘉靖三年旌

莫潤妻餘姚沈氏女美儀容潤暴悍不能治生輙促其妻爲不義沈曰但有一死潤知不從乃陰與富者約改嫁之遂自經其前死

葛璋妻上虞蔡氏女年十七歸璋明年璋卒未三月里中兒屠某謀娶之其姊蔡妯娌也假他事紿與姊會屠從傍竊視之蔡覺哭曰何顔於人世耶奉舅姑

夜膳畢沐浴服衰自縊死

盧憲章妻上虞俞氏女年二十一生子女各一而憲章卒後子亦卒誓無他志鄉有富室欲娶者俞聞即縊家人救之獲免復有陳姓貴者結其親黨以威力脅之俞度不免乃紿入更衣竟縊死時鄰有金婦孀居聞之亦自縊

孫孺人餘姚孫訓導邦直女少有女德年十八歸上虞陳紹紹爲御史時賄相秉權紹卒諸僚將昌言排之以語孫孫曰此大丈事何可語我紹壯其義遂具疏上之已出守韶州卒于官孫號泣扶櫬歸煢煢孑

立屏不踰閫外親黨之卑者唯幃外肅揖未嘗見其面如是者四十餘年

應源妻嵊錢信一女名宜字妙貞性專靜信一爲擇配以應源贅之無何源還父家以疾卒宜時年十九聞訃頓絶復甦者屢矣偕母往視歛哀毀欲死數日母促之返宜曰此兒家也焉返耶朝夕哭奠已而營天墓即命造兩穴既葬母促之甚不得已偕返母勸之嫁不可令隣媼諷焉又不可母强未已乃引繩自縊或覺而救之始聽歸夫家終其志無子以叔氏子則民爲後年八十餘卒弘治閒旌

俞明德妻新昌董氏女明德世居芹塘幼失母繼母任生弟懋德元末遭兵亂舉家徙龍潭洪武初明德返故址而懋德樂龍潭之勝因家焉沮任不就行已而董邀往寧任見奉養多闕歸語其夫曰養姑雖有叔在妾與夫子俱遠膝下子婦之心能安哉夫感悟力迎任還任患聾董事之惟謹蚤莫具羞膳必致肥甘任卒殯斂葬祭之需皆自匍匐相之未幾明德卒人有強言者董乃斷指自誓孀居六十餘年二子咸成立曾孫欽舉進士歷官侍郎贈宜人褒其節也

唐方妻新昌丁氏女名錦奴生有異相頂髻七螺略

涉書史洪武中方爲山東僉事坐法死妻子當沒爲官奴部使者按籍其家押卒祝中順欲挑之借其鬟梳掠髮丁即以梳擲地其人取掠之持還丁丁罵不受竊謂家人曰此輩無禮必途辱我不若預死之以全節也即日肩輿上道行山徑未半里至陰澤崖峭水深四無援路丁忽從輿躍出赴水衣厚不能沉復從容以手歛裙隨流而沒押卒數輩驚救至則死矣年二十八今稱其處曰夫人潭

俞本清妻新昌胡氏女適俞時本清已喪明胡承順惟謹生四子朕默默壎皆延師教之躬紡績脫簪珥

以供贄二孫逵適皆領鄉薦曾孫振才振英皆第進士

吳八娘新昌人父吳縉早卒未及笄母石氏泣謂曰我幸有孕若生男則汝父爲不死矣顧柰家貧何女奮然曰倘天祐我父使有弟願在家輔之不適人也後果生男遂堅守前誓毋欲爲之贅壻曰有壻即有外心亦弗許終身不事粉澤日夜拮据不息年七十有六卒葬銅坑陳家塢人呼爲小娘墳云

俞僧妻新昌王氏女僧無兄弟而伯六子横甚欲七分其田宅僧父持之堅遂不通往來王歸俞始合巹

疑之舅姑語之故王曰兄弟重乎財重乎乃往伯翁所行茶告願均分如命伯翁大喜置酒懽會復爲兄弟如初王勤治生十餘年伯產悉歸王

石孝女新昌人父潛宋編修石斗文七世孫也洪武末坐事籍沒繫京獄吳妻以漏版獲免依父家爲生時孝女在襁褓中一日潛脫桎梏逃歸匿吳家吳兄弟懼連坐遂殺潛投大窖中瘞其屍吳舍使鞠女女既長啓母曰我無父族何也母告之故女悲憤莫能伸永樂初女年十六名閥競聘而舅氏王其婚以配族子吳某女白母曰殺我父者吳也父之讐弗與共

戴天柰何又爲吳氏婦忍事其家廟邪毋曰我不幸失所天事不我從爲之柰何女頷而不答及星期已届治裝于歸吳族咸喜得婦方禮賓未畢女雉經室中死衆皆驚愕詰其母母仰天哭曰吾女之死爲父報讐也號慟數日亦死有司聞之爲治殺潛者之罪

丁氏女新昌人御史劉忠羆之子婦也忠羆居官廉既沒諸子不善治生家甚窘丁拮据茹荼卒不能支其夫欲鬻之丁不可夫潛受聘嘆曰婦有二夫大憝也乃扃戶沐浴更衣從容自經死

袁妙善山陰羊望村人父子純沒於王事貲産豐給

遺矜子一人宗黨利其貲者甚衆妙善方待年未字奮然願保其弟誓不適人且稍散其貲以安宗黨及弟娶婦俞氏妙善喜庶幾振其宗未幾弟亡俞氏又亡妙善益勵初志綜緝家務不怠宗黨欲攘奪者籍籍妙善曰立後將自定擇袁氏同姓者一人非世次不可乃子其甥子鏞家業自是益饒子鏞生二子次晟天順八年進士官御史

沈東妻會稽張氏女妾潘氏女東自徽州推官擢給事中也尚未有子張自家爲置潘往焉舟抵潞河而東以抗疏下宿省邸中候　詔潞河去京都六十里

𢙣趣入城則東巳下獄矣張謂潘曰吾巳矣汝年少且與主公未識面盍擇所便乎潘跪曰主公抗節夫人又若志妾子獨非人乎因流涕沾膺自誓以死奉與張俱守東在獄歷十有八年父年八十餘張數伏闕乞哀願以身代臣東繫今歸一省父皆不報家故貧有田十餘畝耳養父且不給張潘乃日夜力女紅用給𮜿饘甚不給則有鄉中老父具削牘爲泣貸於同郡宦京者然亦不多貸率以爲常久之會戸部司務何以尚上疏理海王事瑞有　詔下以尚獄出東東出見潘問左右曰是昔日某乎曰然曰我當拜謝

之乃再拜潘泣驚扶之遂同歸里東旣繫久家益落
張乃身執汲炊而令潘當夕隆慶初東起南京通政
參議不赴未幾卒竟無子潘無何亦卒
史立模妾京都馮氏女初立模娶于蘇生子自強旣
娶夭乃置馮是時方爲行人也久之無子旣而立模
以給事中謫通州判官擢蘇州府通判則又增置維
楊李李生子復殤而李自是病瘵立模不復御矣一
日立模受檄之他郡馮前請曰主君日驅馳王事柰
嗣息何此行度又再經旬盍召李立模提手曰否否
彼已廢無已寧汝可耳則紿曰諾俟立模旣裝乃抱

持李覓衾中去李遂孕踰年生子自上生之日馮親爲噬臍受護甚至後五年立模自惠州知府考績歸卒先是李已卒其後二一年蘇亦卒自上甫八歲耳諸宗彊睥睨物產時攘臂起馮以死力爭之又誅婢僕有法家事不廢及自上從群兒嬉遊則召撻之曰吾爲汝千辛萬苦始得汝今家運微史氏祀不絕如綫而若此耶泣與杖俱下是時邵王事德容方重於鄉因爲自上聘其女家業倚王事益堅自上後領嘉靖四十三年鄉薦令仕爲平陽府同知有五子次子元熙萬曆二年進士江西僉事七孫

沈袠妻會稽胡氏女袠父贈少卿錬見鄉賢傳初袠聘胡卜合巹有期而遘父難自塞上并逮兄襄及袠繫萬全都司獄中時鎮臣某銜錬甚且逢時相意必欲置二子死榜掠數百獄不具則時時間二子寢食獄卒微知其意瘖瘂苦之時諷以死一日巳刻期令夜分具病狀上矣薄暮忽譁傳兩道官下視獄至則呼襄及袠出命且緩之襄等亦不測所以明日問之獄卒則某者以給事中吳時來疏其罪惡逮 詔獄未午荷銀鐺就檻車去矣襄等遂得釋然袠自是遂病血匍匐扶父喪歸比服闋始婚胡年巳二十七踰

六月衰疾大作將不起呼胡曰吾累汝吾累汝胡曰有命自天向未婚時吾父及昆弟疑君有疾固逡廵我義不囬今日寔所甘心衰遂卒胡哀泣日夜不絶聲盡出奩具治喪事有他諷者輒斷髮剺面終日一室中即同產非時不見如此者二十餘年晚染疾家人將迎醫胡告其父曰未亡人豈可以手令他人視哉初不云乎有命自天不藥卒年五十一無子以襄子其爲嗣

其他以節聞者有張拱辰妻施氏旌

錢伯頎妻張氏洪武間旌

姚彥良妻俞玄恭子體原禮部員外郎洪武末旌

孫華王妻余氏貧

呂聰妻田氏貧

張希勝妻錢昇

王曇妻俞貞庶

鄭谷霖妻周妙清貧無子

陳軾妻錢氏

金俊妻張氏貧甥姑依父以居成化初旌

汪德聲妻謝氏子鐩兵部郎中姑疾割股成化間旌

朱士忞妻孟王輝正德中旌

張旭妻錢良潔遺腹子永言

陳周妻戴氏遺腹子魁

胡爃妻趙氏無子

宋如珪妻丁氏遺腹子茂保

趙容妻余氏

潘宋妻王氏患瘵不治卒

沈宏妻傅氏

丁阿姑失其夫姓名無子止一女

祁鎡妻孟氏貧

繆禹卿妻濮閨英貧無子

周濡妻趙氏
周篪妻朱氏貧旌
陳潤妻胡氏
朱雷妻沈氏無子子夫兄子廷瑞
包濟妻周氏貧無子子族子楩
馮吉妻王氏孫景隆給事中以言被謫今爲王事萬
曆十一年旌
俞思妻任妙英
張裒妻胡氏成化間旌以上俱山陰人吳夫裒會稽
人

邵仲文妻張氏貧紡績教子子廉見鄉賢傳
金伯珣妻秦栢珍無子成化初旌
沈源妻俞氏成化初旌
金雷妻董氏貧無子撫其循子嘉靖九年旌
王鑑妻蔡氏貧無子嘉靖九年旌
皋人章乘妻余氏遺孤數歲夭撫循子
曹繼祖妻馬氏
王之驥妻祝氏無子獨教一女端飭如其母
馬瓚妻馮氏斷髮務面子文顯訓導
章楷妻沈氏

胡慄妻祝氏

錢盛妻李氏斷指子浩甚孝

韓釋可妻薛氏子幼家無期親紡績以養姑姑疾割股

羅道妻庠生朱謙女無子立嗣子拱璧孫萬化隆慶二年進士第一令爲南京禮部右侍郎隆慶間旌

國子生王金妻張氏無子循子爲嗣萬曆十一年旌

舉人葉應暘妻錢氏子雲礽令爲工部主事萬曆十年旌

董和妻姜氏子子行令爲御史

董能八妻黃氏無子俱會稽人黃夫董嵊人

丁岳妻汪嗣貞

毛京妻徐靖端

張惟寬妻洪福禎

徐元福妻張氏

衛軺妻汪妙瓊

王茂妻沃淑虔

庠生翁堯妻蕭氏子五倫福州知府

徐堯御妻李氏嚙指斷髮俱蕭山人

楊敏妻齊妙觀

余御妻曹氏斷髮嚙指嘉靖中旌

徐溥仁妻洪氏俱諸暨人

孫元吉妻陳妙善洪武末旌

魏仲孫妻霍妙清正統間旌

滑志能妻汪德清貧無子天順二年旌

邵宏學妻汪氏旌

史錦妻楊氏無子子猶子賜弘治間旌

徐逯妻祝氏無子撫幼姪旌

王忠妻陳氏忠浦江庠生嘉靖十三年旌

胡鏜妻瞻贈少傅謝瑩女少傅遷姑弘治間旌

徐選妻張氏旌

黃忠妻周氏有遺腹子旌

吳天祚妻陳氏旌

毛睞妻御史潘楷女大疫堅不出戶卒無恙旌

胡忱之妻黃金蘭子鐸太僕寺卿見鄉賢傳

楊芸妻薛氏芸景泰七年舉人天順中試禮闈焚死

弘治間旌後以子簡貴贈孺人

謝選妻陸氏無子以文正公子丕爲子丕吏部侍郎

嘉靖間旌

徐文元妻章氏文元正德三年進士貧無子嘉靖十

三年旌
聞人才妻黄愷女才弘治五年舉人有前妻子旌
諸永言妻鄭氏孫敬之僉事嘉靖十九年旌
魏朝龍妻御史孫衍女無子爲夫立後
潘秉夔妻徐氏
黄綺妻范氏
余乾妻施氏嘉靖二十九年旌
史鸞妻陳氏鸞弘治十年舉人都御史琳之子嘉靖
十九年旌
任正妻潘氏子春元御史刑部郎中嘉靖四十五年旌

邵潮妻鄒氏旌

張一致妻蘇氏旌

邵童妻陸氏旌

韓墳妻項氏墳邑庠生貧無子立兄子銀

翁璧妻錢氏貧無子紡績以養姑姑性嚴循時譙訶之知縣鄧林喬白學憲給湖田四十畝復爲勢家所奪俱餘姚人

俞宗琳妻章氏于盛正統間旌

張廷揚妻陳氏正德間旌

葉廉妻祝氏正德間旌

成孟吉妻唐氏

管智妻司馬淑貞

吳德民妻竺一貞

徐彦能妻金氏循子爲後三十年不歸寧

林顯妻周氏俱上虞人

謝源妻袁氏子廉河南叅議旌

姚仍妻孫氏

鄭金妻宋氏

尹琦妻趙靜真

俞通妻王氏無子姪爲後俱嵊人

王廷王妻石氏

石士嘉妻呂清明學博不用女

何遵道妻呂氏魏文靖銘其墓

張堙妻章氏

俞鉦妻王氏

石潩妻吳氏

贈尚書呂廷安妻張氏無子子夫兄廷圭子世良孫光洵工部尚書見鄉賢傳嘉靖間旌

章懷德妻張氏無子嗣子復不肖

陳𦕈妻呂氏

張懷經妻袁氏
劉時清妻嚴氏
張伯蘭妻丁氏俱新昌人
其夫亡以死殉者山陰余卓妻會稽朱氏女無子投
河死
蕭山鄭璽妻魏德盛文靖公孫女欲死死家人閑之嚙
無名指出血風中其患處死幼時父疾嘗請以身代
後旌孝烈
來志妻何氏志溺于江何六日縊于床
諸暨章瑜妻傅氏投井死

餘姚庠生徐士觀妻孫氏三年之喪畢不食死

上虞孫景雲妻鍾欽禮女景雲任王山知縣卒於官

孫自經死旌

嵊羅林妻黄氏夫弟逼之自經死

未嫁守節者山陰包孟貞許聘高思衰衣往弔誓不

嫁年八十餘卒

蕭山孫氏女受聘葉氏自盡

諸暨孟藴許聘御史蔣文旭聞喪即歸蔣氏旌

餘姚呂少傳本女受聘舉人謝用模少傳遷孫不嫁

卒

一門雙節者山陰張衡妻孔氏衡從子遜妻錢氏

陳溢妻沈氏溢從子鎣妻亦沈氏

朱濤妻胡氏濤弟湞妻張氏濤無子以湞子森爲嗣

陳鑰妻金氏子滋妻吴氏滋無子以族子爲後

會稽胡詡妻山陰倪福淨弘治中旌循子憲妻同邑章妙貞嘉靖九年旌

胡某妻宋氏子止善妻楊惠靖洪武九年旌

金勝宗妻陳氏遺腹子志清妻張氏

蕭山王渭妻胡氏遺腹子坤妻某氏坤三子

諸暨舉人駱黼妻錢氏黼從孫宗廸妻鄭氏旌

餘姚王紳妻范氏紳弟綺妻鄒氏俱嘉靖間旌
顧蕙妻高氏蕙弟薙妻王氏各有一男旌
王綸妻陸氏綸弟灴妻陳氏陸遺腹一子陳無子以
灴弟之子爲嗣俱嘉靖十七年旌
上虞盧用濟妻陳氏嗣子伯寧妻樊氏
嵊張彦聰妻范佛壽彦聰弟彦名妻錢德善洪武間
旌
盧允中妻許氏允中弟允端妻黄氏
新昌張舜士妻董氏子尚才妻石氏
潘憲榮妻王氏憲榮姪孫鼎之妻石氏

三節者諸暨俞瀟妻童氏瀟弟滋妻趙氏滋弟潤妻金氏俱旌

上虞陳臻妻龔氏繼子國華妻沈氏國華子文奎妻馮氏俱旌

山陰庠生俞泮妻馮氏子訔郎丕妻錢氏孫庠生廷用妻婁氏馮氏七十三卒錢年五十卒俱萬曆十三年旌婁二十五而寡今年四十貧

五節者餘姚汪錦妻大符氏汪桓妻宣氏汪材妻小符氏女吉媛汪季妻夏氏嘉靖三十二年遇海寇俱不屈赴水死

紹興府志卷之四十八

人物志十四

仙釋

嘉泰志述仙釋蓋首范大夫梅尉馬夫留侯從赤松遊世或目之云託若二子者豈亦將有託耶雖然使仙也而非人則已如仙而果人也則二子者必其妙解者也何者不難敝屣軒冕卽不難蟬蛻支體且以夫絕世越衆之識而極心於出世其精進倍矣託固有之寧詎非眞哉江左釋教大興道林最先出亦最有名顗勝心未忘亦未必盡理中之談余蓋疑焉至

實掌奇矣其他或書或詩皆倚佛致名或者非其真
雖然其亦蜉蝣塵外者也夫道家侈談洞天而諺亦
曰名山僧占多今郡中四明會稽秦望五洩天姥諸
山皆古今之靈跡最怪奇者也許邁與王右軍書云
山陰至臨安多有金堂玉室自昔有稱矣魏君丹化
劉令雲舉道猷卓錫定光孳像稽其神異豈虛哉范
梅仙跡不甚著故弗志志二家自伯陽道猷始太史
公稱道儒必相絀今二家尤甚然支公以逍遥標理
顧薄用孝經愈疾要其本豈有異也自宋元來僧盈
多而輕羽流尤不勝緇寖衰矣其在士大夫或有明

二氏學者魏王事宗杲錢郎中楩尤其較著者云
初宗杲永樂間以人材試刑部無何謝事歸遇雲
水橧談禪理遂有悟晨夕趺坐有時或兀坐草間
如木偶人臨卒謂諸子曰扶我龕中當衣我以薪
楩嘉靖四年解元五年進士亦官刑部致仕後十
餘年於秦望山半巖間搆八角亭獨棲其中八年
今亭趾具存姑蘇都太僕穆嘗過其人謂曰凡學
長生者必於功名地馳驅數載心乃死若二公者
非邪以此續鴟夷吳門之跡夫奚悖焉宗杲諸暨
人楩山陰人

【漢】魏伯陽上虞人高門之子性好道術不肯仕入山將弟子三人作神丹丹成知弟子心不盡乃先與犬試之犬卽死弟子曰先生當服之否伯陽曰吾委家入山不得道亦恥復還吾當服之乃服丹入口卽死弟子顧視相謂曰本求長生故作丹焉貴速死獨一姓虞弟子曰吾師非常人也服此而死得無意也仍取丹服之卽復死餘二弟子不敢服乃共出山爲求棺木伯陽卽起將服丹弟子及白犬去道逢人入山伐木作手書與鄉里寄謝二弟子弟子乃始懊恨伯陽作參同契三卷其說似解周易實論作丹之意末

章云會稽鄮夫幽谷朽生委時去害依託丘山循遊寥廓與鬼爲鄰百世而下遨遊人間敷陳羽翮東西南傾湯遭厄際水旱隔并蓋離合寓已姓名云今金罍觀是其遺迹

劉晨阮肇剡人永平十五年入天台山採藥經十三日不得返望山頭有一樹桃取食之下山以杯取水見蕪菁葉流下甚鮮復有一杯流下中有胡麻飯二人相謂曰去人不遠矣因過水行一里又渡一山出大溪見二女顏容妙絶便喚劉阮姓名問郎來何晚也館服精華東西帷幔寶絡青衣下胡麻飯山羊脯

甚甘美食畢行酒歌調作樂暮因止宿住十日求還
苦留半年氣候和適常如春鳥鳴悲慘求歸甚切女
喚諸仙女歌吹送之指示還路鄉邑零落驗得七代
子孫傳聞祖翁有人山不歸者太康八年失二人所
在
薊子訓不知所由建安中客濟陰宛句已駕驢車詣
許下因遁去去之日唯見白雲騰起從旦至暮如是
數十處時有百歲翁自說童兒時見子訓賣藥於會
稽市顏色不異於今後人復於長安東霸城見之與
一老公共摩挲銅人相謂曰適見鑄此已近五百歲

矣顧視見人而去猶駕昔所乘驢車也見者呼之曰
薊先生小住並行應之視若遲徐而走馬不及
吳朱孺子永寧人師道士王玄真居大若巖下嘗於
溪畔見二花犬逐之入枸杞叢下遂與玄真斸叢下
得枸杞根類花犬堅如石煮之孺子先取飲之俄而
飛立前峯謝玄真而去玄真後亦不知所終
介象字元則會稽人學道得度世禁氣之術能隱形
變化入山谷見一美女曰汝食氣未盡可斷穀三年
來象如期而往乃授以還丹術大帝聞之召至武昌
尊敬之從象學蔽形之術還後宮及出門莫有見者

又使象作變化試種瓜菜百果皆立生可食大帝與論鱠魚何者最美象曰鯔魚爲上大帝曰此出海中安可得象乃作方埳汲水滿之垂綸得鯔魚大帝曰悵無蜀薑作虀象書一符著青竹杖中使人閉目騎杖至成都買薑薑到厨切鱠適了大帝爲介起第宅以御帳給之求去不許有種黍於山中苦獮猴食之戒曰吾告介君猴卽去自言某月日病大帝使左右以一梨賜之便死大帝葬之後人復見象在蓋行山中其弟子發棺視之惟一符耳

劉綱字伯經下邳人初居四明山後爲上虞令亦學

白君受道歷年道成邀親故會别飲食畢登大皁筴木上去地十餘丈舉手而别忽然飛入雲中妻樊夫人亦有道術俱飛昇去今四明山傳有樊榭乃夫人遺跡也

趙廣信陽城人魏末渡江入剡小山受李法成服炁法又受師左軍守玄中之道内見五藏徹視法如此七八十年周旋郡國或賣藥出入人間人莫知也多來都下市井作九華丹傳云丹成遂乘雲駕龍白日登天

虞翁生會稽人受仙人介君食日精法以大帝時隱

狼伍山兼行雲炁回形之道精思積久形體更少如童子後人見其乘雲上天

晉 葛玄字孝先句容人從左元放受九丹金液仙經嘗服餌求長生能絶穀連年不饑嘗游會稽有賈人從海中還過神廟廟使主簿語賈人曰今欲因寄一書與葛仙公可爲致之主簿因以函書擲賈人船頭如釘着板拔不可得還達會稽輙以報仙公公自往取之即得也語弟子張恭曰吾不得治作大藥今當作尸解去八月十二日日中時當發至期衣冠入室而卧氣色不變弟子等燒香守之三日三夜夜半中

忽大風起發屋折木聲響如雷燭滅良久風止然燭失仙公所在但見衣在而帶不解今會稽有仙公釣磯及煉丹井具在

嚴青會稽人遇神人授素書一卷曰汝骨應得長生青言我不識書當柰何神人曰不須讀也但以潔器盛之置高處耳并教服石髓法受之無他佳器惟有飲壺乃用以盛所授書即便見其左右常有數十人侍之治病救患但以所授書到其人家所病便愈百姓尊奉之後斷穀不食一年入小霍山仙矣

葛洪字稚川仙公從孫以儒學知名性寡慾不好榮

利閉門却掃究覽經籍尤好神仙導養之法初仙公以煉丹秘術授弟子鄭君稚川就鄭君悉得其法咸和初選爲散騎常侍固辭不就聞交趾出丹砂求爲勾漏令乃止羅浮山煉丹在山積年優游閒養著述不輟著抱朴子一百十六篇年八十一卒顏色如玉體柔軟舉尸入棺輕如空衣世以爲尸解得仙輿地志云上虞縣蘭芎山葛稚川所棲隱也

許謐字思玄少知名儒雅清素博學有才章簡文皇帝父垂俗表之頗與時賢多所儔結少仕郡主簿功曹史王茂弘蔡道明辟從事不赴選補太學博士出

爲餘姚令入爲尚書郎郡中正護軍長史雖外混俗
務而内修眞學密授教記遵行上道挺分所得乃爲
上清眞人少子靜泰久居會稽禹井山頗遵承家法
傳受經書云
【齊】顧歡見寓賢傳隱剡山性好服食每旦出山烏集
其掌取食弟子鮑靈綬門前有樹六十圍上有精魅
數見歡印樹樹即枯死山陰白石村多邪病村人告
訴求哀歡爲講老子皆愈又有病邪者歡問其家有
孝經否令取仲尼居一章置枕邊而愈齊高帝輔政
徵揚州主簿踐祚乃至稱山谷臣進政綱一卷優詔

東歸賜麈尾素琴年六十四卒於剡山中
褚伯玉見寓賢傳年十八父爲婚婦前門入伯玉後門出遂來剡居瀑布山三十餘年隔絕交往齊高帝手詔吳會二郡敦遣辭以疾帝不欲違其志勑於白石山立太平館舍之孔稚圭從其受道爲於館立碑常棲止一樓卒遂葬樓所年八十六
謝玄卿會稽人好呼吸延年之術常作東郭先生導引法服仙人五明散年近百歲精力不衰後入五洩山遇仙子事甚奇詳見山川志
【梁】陶弘景字通明丹陽秣陵人十歲得葛稚川神仙

傳晝夜研尋便有養生之志齊高帝作相引爲諸王
侍讀永明中脫朝服挂神武門上表辭祿許之勑所
在月給茯苓五斤白蜜二斤以供服餌仙書云眼方
者壽千歲弘景晚年一眼有時而方梁大同二年卒
年八十五顏色不變香氣累日謚貞白先生按内傳
言先生嘗遐遁東邁改名氏曰王整官稱外兵今會
稽陶宴嶺有先生遺跡嶺由此得名又上虞縣釣臺
山夏侯曾先地志言先生嘗乘槎釣於山下潭中
孫韜剡人入山師潘四明參受真法陶隱居手爲題
握中秘訣門人罕能見惟傳韜與栢閭二人

魏道微上虞人好道相傳謂仙去今邑中有其墓

袁根柏碩皆剡人因驅羊度赤城山有石門忽開見二女方笄遂入與語後謝歸女以香囊遺之根後羽化碩年九十餘方外傳之亦如劉阮故事云

唐

苗龍不知何許人居會稽失其名能畫龍人以苗龍呼之貞觀中得道仙去今龍瑞宮東南一峯崛起上平如砥相傳爲苗龍上昇處

孔莊葉三女仙上虞人天寶間任武夷學道栖天柱峯下一日遇太姥元君授以丹訣令往東南尋雲虛洞煉之至君峯果得仙洞遂作丹焉宋治平間有江

公者至山中得一小徑深入忽有洞題曰雲虛之洞三仙女在焉偃童引入見欵以胡麻飯江辭歸女語其詳比至家已三載矣

宋陳明攢陵鋪兵也人呼爲陳院長年三十有五時犯罪受杖遂蓬頭跣足若病狂者往來行歌無定止頗能知未來事雪中不拖一縷卧野橋上氣騰如蒸眼色正碧好以白堊書地且讀且歌字畫類五銖錢文觀者莫識中貴人典領攢宫者憐其與常遺以衣乃轉與貧者淳熙八年郡中久不雨鄉民或叩以凶豐應曰木災竹災魚災貧道災餓而高岡發洪大水

暴至所經竹木盡拔魚鱉漂流陳大病不食數月腹皮皆凹入附骨隱隱見五臟人謂其必死俄復如初有蜀客來見之焚香作禮曰先生正爲鄉里募緣造橋安得來此衆始悟其爲異人神遊彼云或問其年庚但云三十五後微疾而終葬溪岸未幾其徒發瘞将火之空無一物

老葉道人龍舒人不食五味年八十七八平生未嘗有疾居會稽舜山天将寒必增屋尾補墻壁下帷設簾多儲薪炭杜門終日及春乃出弟子小道人極愿慤嘗歸淮南省親至七月望日鄉有任菴僧召老葉

飯飯已亟辭歸問其故曰小道人約今日歸耳僧笑曰相去二三千里豈能必如約哉棊曰此子平日未嘗妄也僧乃送之歸及門小道人已弛擔矣客每訪之拱揖甚謹然不肯多語或嘿作意欲扣其所得纔入門即引入臥内燒香具道其遇師本末若先知者亦異矣

聖道者不知何許人紹興初居蕭山淨土寺日乞食於市口每吐一珠如彈丸大光奪琥珀出玩掌中人欲樸取則復吞之一日至山下掊田中一穴謂從遊項姓者曰此有酒可飲項飲之甚甘冽囑覆之無竊

癸項後思飲往取之皆水耳忽一日乞薪市邸謂媼曰我將去矣叩所之不答乃於常卧處火薪自焚人即其地葬之後有見之於蜀者歸發其棺則尸解矣

武元照蕭山女子也方孩時母或食肉即終日不乳及菜食乃乳母異之後長議適人女不從忽夜夢神人命絕食及覺遂欲不食母強食之則夢神怒曰何違吾戒也剖腹滌之因授靈寶法自是不復食以符水療人疾紹興十一年某月日忽詣數十家聚話後往其家訪之云死矣即詰之日也

呂處仁餘姚人次姚子嘉定間隱居四明山得異術

禱雨及爲人祈禳甚驗尊爲演教真人及卒以劒投
于後横潭至今每風月清朗之夕其劒常飛出
蔡華甫新昌人名必榮幼警敏畧涉書史爲縣從事
嘗遇道人授以道術遂能驅使鬼神一日甫偶出遊
有道人來其家索酒持麻袋盛去歸而知其事卽剪
白紙二條噴以符水化二白蛇淩雲去投其醮壇吸
所懸佛像并樂器道人哀懇乃叱還之女適張文燁
文燁嘗過華甫見園中有二虎倉皇驚走華甫曰無
懼我當呼來卽馴服于地其異術多此類暮年作丹
將成使弟子護之夜登槖駝山坐石棋枰上望煙色

卓起卽歸取服之謂諸子曰我將遠遊矣遂尸解時有從子在天台清溪見其乘青騾從二童子問之曰道友邀我遊桐栢宮

元陳嘉字志謨諸暨人文辭超邁然佯狂不羈每應舉主司必喜其文第中必雜狂語竟怒見黜自號龍壇居士後與沃洲山道人尸解去

皇明金丸先生會稽人弘治間任方泉橋生平不巾櫛服垢衲人呼爲金蓬頭喜作詩一日在青塘村幻出一舍有女織其中與金賡和已忽不見又嘗於武林逢道者共飲已而渡江道者擲雙屐令渡金難之屐

忽化爲舟道者竟渡金遂返過所飲肆譁聚百餘人云道者所覆杯膠不可啓金至爭令啓之中有洞賓二字 以上仙

晉帛道猷永和中居沃洲山又嘗居若耶山白樂天沃洲禪院記云羅漢僧天竺人馮惟訥詩紀云本姓馮山陰人少以篇牘著稱性率素好丘壑一吟一咏有濠上之風有陵峯採藥詩載山川志

竺潛字法深隱剡山哀帝兩遣使招之至建業簡文尤師禮之劉惔於簡文坐中嘲曰道人亦遊朱門乎潛曰君自見朱門耳貧道以爲蓬戶還山支遁求買

沃洲小嶺潛曰未聞巢由買山而隱一云是就潛買
印山
支遁字道林河内林慮人或曰陳留人本姓關氏少
而任性獨往風期高亮家世奉法常於餘杭山沉思
道行泠然獨暢年二十五始釋形入道王逸少作會
稽遁在焉孫興公謂王曰支道林拔新嶺異胷懷所
及乃自佳卿欲見不王自有一往雋氣殊自輕之後
孫與支共載往王許王都領域不與交言須臾支退
後正值王當行車已在門支語王曰君未可去貧道
與君小語因論莊子逍遥遊支作數千言才藻新奇

花爛暎發王遂披襟解帶留連不能已延任靈嘉寺
已入沃洲小嶺建精舍晚移石城山樓嘗造卽色論
示王中郎中郎都無言支曰默而識之乎王曰既無
文殊誰能見賞三乘佛家滞義遁分判炳然云正當
得兩入三便亂其談善標宗會而章句或有所遺時
爲守文者所陋謝太傅聞而善之曰此乃九方歅之
相馬畧其玄黄取其駿逸後至山陰講維摩許掾爲
都講支通一義四坐莫不厭心許送一難衆人莫不
抃舞但共嗟咏二家之美不辯其理之所在遁常養
數匹馬或言道人畜馬不韻遁曰貧道重其神駿性

好鶴住東岇山有人遺其雙鶴少時翅長欲飛支意惜之乃鎩其翮鶴軒翥不復能飛乃反顧翅垂頭視之如有懊喪意林曰既有凌霄之姿何肯爲人作耳目近玩養令翮成置使飛去卒葬石城山見祠祀志僧史云葬餘姚隖中高逸沙門傳又云年五十三終于洛陽

于法開始與支公爭名後精漸歸支意甚不分遂遁跡剡下遣弟子出都語使過會稽于時支公正講小品開戒弟子道林講比汝至當在某品中因示語攻難數十番云舊此中不可復通弟子如言詣支公正

值講因謹述開意往反多時林公遂屬聲曰君何足復受人寄載來名德沙門題目曰法開才辨從横以術數弘教

竺法崇有律學精於法華經居剡之葛硯山茅茨澗飲孔淳之訪之信宿不去神思傾豁

竺法曠晉興寧中東遊禹穴放情山水至若耶愛孤潭欲就岩爲廬孝武帝欽其爲人迎至京師止長干寺以師事之

竺道壹依止虎丘學徒蟻慕白道猷時在若耶山以詩寄之壹得詩欣然往訪猷信宿而歸嘗從都下還

東山經吳中雪下未甚寒諸道人問在道所經壹公曰風霜固所不論乃先集其慘澹郊邑正自飄瞥林岫便已皓然嵊舊志云乾固與支道開威蘊宗寶光識斐藏濟度湜印并道猷道壹法潜道林即白居易沃洲院記所謂十八僧也宗想即法崇光即曇光斐即曇斐考往籍道壹止一至若耶耳其云還東山未知是上虞東山否白記絶無道壹字終屬疑姑因舊志存之白集中作乾興淵支遁必有一誤道猷所贈詩即陵峰採藥詩

曇翼號飛雲有卓行義熙中誦法華于秦望西北峰澗飲三十年内史孟顗請于朝置法華寺

曇彦晉末時與許詢同剏浮圖未及成詢亡至梁天

監中岳陽王來彥以前身悟之乃增修焉詳見祠祀志

慧虔晉末居山陰嘉祥寺聚徒講經謂衆曰願相講道用奉彌陀刻期告終是夕有尼夢觀音下異香經旬不絕

帛僧光或曰曇光永和初至江東石城山下行數里坐石坎中夢種種惡三日見山神言乃移章安寒石山或以宅施光光就樹結廬久而成寺寺名隱岳據此則曇光卓錫寔在天台今新昌寶相寺稱光遺跡者乃以初嘗暫憇因借名耳今天台寒石山亦以隱身巖

弘明山陰人止雲門寺誦法華經甁水自滿有童子自天而下供使令虎無時入室自卧起皆有一小兒來聽經明爲說法俄不見又有山精來指笑明捉得以帶繫之久不得脱曰放我我不敢復來於是釋之後住永興紹玄寺又住栢林寺

宋道慧餘姚人讀遠公傳慕其爲人遊廬山卜居西林三年王式辨三相義慧詰難之詢句煩顙又就學猛公猛講成實爲張融所難使慧當之挫其風氣融大服褚澄謝超宗皆加敬焉

慧基自錢塘渡江棲山陰法華寺學者千人元徽初

即龜山建寶林寺啓普賢懺法高士周顒劉瓛張融
並摳衣問道
曇斐剡人少棄家事慧基洞明方等深經善莊老儒
墨之書游方攷究經典疑義還鄉居法華臺寺學徒
甚盛衡陽孝王元簡廬江何胤皆師事之張融周顒
並從其遊
明慶餘姚人戒行明白多藴藉
法慧持律甚嚴隱禹穴天柱峰誦法華經足不履人
間者三十年爲周顒所師禮王公貴人得一識面以
爲羨談

曇學有奇操與曇翼同游即秦望之地爲菴號樂林精舍

道敬王右軍之裔有道行持律甚嚴

齊僧護剡人住石城山隱岳寺寺北有青壁千餘丈護每至其下輙聞管絃聲或發光恠即發誓願就青壁鐫十丈佛像以齊建武中用工經年纔成面像俄卧疾臨終誓曰再生當就吾志

梁僧祐剡縣石像是祐授準式先是建安王聞始豐令陸咸剡溪之夢以僧護所造石像奏有詔祐董其事天監十五年告成舊說祐宣律師前身也

惠舉隱法華山武帝徵之不至昭明太子以金縷木蘭袈裟遺之天衣寺名由此

曇降法流二僧辭恩愛棄妻子輕舉入山外緣都絕魚肉不入口糞掃必在體人見之絕歎而二人處之夷然

陳定光大建中居寶林寺耳過其項擎銀像長立不卧時又天竺僧甚神異死後形數見詳祠祀志

隋法極字智永王右軍七世孫詳方技傳

智果師事智永詳方技傳

唐辨才亦智永弟子詳方技傳

寶掌嘗魏晉時自西域來中土居常不食唯服鉛汞而已一日示衆曰吾欲住世千歲今六百七十三歲矣因號千歲和尚貞觀中周游二浙至諸暨里浦山下遇一老人問欲何之掌曰訪地修行吾將老焉老人曰循山之陰林嶂幽聳中有石室名里浦巖盍往居之值中秋掌抵巖下見其山秀泉潔月白風清因爲須有行盡支那四百州此中偏稱道人遊之句遂結茆以居宴坐十七年一日屈指一千七十二歲矣語其徒惠雲曰吾將謝世以還丹授汝今諸暨有寶掌巖會稽刺浮山明覺寺有千歲和尚塔又有千歲

洗骨池

慧忠諸暨人受六祖心印居南陽白崖山黨子谷道行聞于帝里肅宗徵赴京待以師禮居光宅寺

慧海姓朱氏依越州大雲寺道智受業初至江西參馬祖於言下自識本心馬祖嘉其頓悟嘗告衆云越有大珠圓明光透無遮障處指海也

玄儼諸暨人落髮隷懸溜寺從光州諮受具戒探賾律範遇上京崇福意律師及融濟律師印可偏弘四分著輔篇記羯磨述章光州岍公命弘般若撰金剛義疏即法華寺建置戒壇招集律行傾衣鉢琱鐫僧

護僧祐所造石佛像開化二十六年恩制度人採訪使潤州齊澣迎師於丹陽令新度諸僧躬受具戒自廣陵迄于信安緇黃道俗受法者殆出萬人

乾峰越州人嘗與雲門相難有僧問涅槃門路則以拄杖畫曰在此

靈一　居雲門寺持律甚嚴以清高為世所推亦能詩劉長卿嚴維郎士元皇甫冉皆以詩與往來

靈澈字源澄會稽湯氏子雖受經論尤好篇章從嚴維學詩抵吳興與皎然游皎然以書薦于包佶李紓貞元中西遊京師名振輦下得罪徙汀洲入會稽吳

越間諸侯多賓禮招迓之終于宣州開元寺門人遷之建塔于越之天柱峰有詩二十卷劉禹錫爲序

契真初與潙山祐和尚同在百丈山禀受懷海宗旨後遊羅浮有越人禮請歸浙東初住鏡中紫陰院後住覺嗣寺北廊開元寺西廊兩禪院大中初勅改覺嗣爲大中禹跡寺移歸禹跡聚徒北廊院九十七卒

鵲巢和尚不知何許人亦不知何名長慶中棲止秦望山長松上鵲巢中白居易問曰師住處危險答曰太守地位危險尤甚按錢塘亦有秦望山白但爲杭守此鵲巢似應屬彼

良价會稽人禮五洩山默禪師披剃遊方首謁南泉

次參溈山既到雲巖見曇晟禪師問無情說法乃述偈呈雲巖辭去因問貌得真詰涉疑後過水覩影大悟前旨

澄觀山陰人姓夏侯氏住寶林寺講華嚴義疏二十卷爲疏時堂前池中合歡蓮花五枝一花皆有三節德宗嘗召至京師命譯烏茶所進華嚴經賜號清涼國師

五代全付會稽人抵宜春仰山禮南塔爲涌和尚印可安福縣爲建禪苑聚徒本道上聞賜名清化後還故國吳越文穆王特加禮重晉天福二年錢氏戍將

爲闢雲峰山建院亦以清化爲名
鑒真唐天祐時雲居院僧貞明及宋治平間皆敕賜
院額呼爲喻彌陀卒後人龕其身寺中遇旱禱之即
雨
宋仲休越州人精習天台教而禪寂不接人事李文
靖公連以其名上得紫衣海慧之號閒作詩有山陰
天衣十峰詠
大義蕭山徐氏子生而英特十二從釋於山陰靈隱
寺閱梵典開卷即悟臨終時咸聞空中有天樂之聲
大眼師不知何許人居蕭山晝夜不寐目睛愈光人

因以大眼目之

從朗居蕭山祇園寺年踰百歲門常晝掩每誦蓮經衆鳥銜花匝座潘閬嘗謁之閉門不納

咸潤上虞人習天台教覩依錢塘會法師講席遂究其旨景德四年邑令裴煥請演教於等慈繼徒隆教永福聽法者動以千數亦能詩有五泄山三學院十題編于掇英

梵卿早入台之東掖山謁法真大師聽天台教一日論經王義法真嘆曰子得玄妙於性相之外更衣謁長蘆秀禪師未契即往投子山謁青禪師居三年青

示寂遂往東林謁照覺摠禪師從容問答心凝神釋游鍾山居第一座晚乃住上虞之象田象田久廢至卿乃復興

端裕蕭山人吳越王遠孫祝髮於大善寺得法於圜悟禪克勤勤住京師天寧萬壽寺諸方讙言會下有真師子兒能大哮吼他日爲叢林標準者指裕言也住丹霞虎丘徑山育王有語録傳世裕出王家狀貌瓌異鬚髪不受刀但以小剪去之不然則出血

了演少依東山廣化聽秀禪師夜參即有省發遍謁諸方宗師俱不契徑趨衡陽投大慧禪師宗果一見

罷許杲謂其徒曰若輩如鍼刺窓微見光影耳演乃一踏鴻門兩扇開者也自臨安崇先移住象田繼移靈隱

重喜會稽人少以捕魚爲生然日誦觀世音菩薩不少休舊不識字一日能書又能作詩錢塘關子東雅知之周少隱謂其能解悟如此真乃得觀音知慧力也

仲皎字如晦居剡明心寺參竟禪學尤好篇章交文儒嘗於寺西星子峰前築白塔結廬其下號閑閑菴宣和間與汝陰王銍以詩詞相酬答

惟定山陰人紹興中住景德寺講偈有野猿獻菓於前一日謂其徒曰庭前桂樹花開我將逝矣其徒出視之桂花忽開五色遽返入户定端坐瞑目矣龕留十四日顔面如生

志遠姓呂氏餘姚人十七歲於上虞等慈寺爲僧遍遊諸方叅聽天台宗教嘗講於朝錫師號遂爲會稽諸邑講席之冠李光陳槖張轔趙不搖諸公皆愛重之年七十卒經五日荼毗於烈熖中身不欹側齒根不壞

淨全翁姓諸暨人少與父兄躬畊至林壑泉石處輙

宴坐忘歸甫冠於寶壽寺出家授以禪典無所解乃入徑山投大慧禪師宗杲杲曰汝有何能答曰能打坐曰打坐何爲全曰直是無下口處杲甚器之全村野不知書人呼爲翁木大一日隨衆采椒同輩戲云試作椒頌全即應云含烟帶露已經秋顆顆通紅氣味幽突出眼睛開口笑這回不戀舊枝頭衆皆嘆異俄有旨度僧杲命給侍者十輩各探籌全得之九人者不平許語杲令復探全再獲若是者三遂祝髮尚書尤袤寶文王厚之丞相錢象祖皆與爲方外交累典大刹開禧三年卒

惟月諸暨化城寺僧明律學日惟念佛一日有異僧
來迎後二日微疾悉呼同住道寧曰見阿彌陀佛高
八尺立空中言訖而化
法慈上虞長慶寺僧所居有花竹泉石頗有幽意士
大夫多往遊焉延納無倦嘉泰初忽謝客會其童行
蘇往行在所請給僧牒語曰宜速回比還令速具湯
澡畢易衣坐其徒往視之目已將瞑亟呼云和尚幸
自得恁好何不留一頌子曰不早道我今寫不得也
嗣法云某當代書乃云無始刼來不曾生今日當場
又隨滅又隨滅萬里炎天一點雪即逝

守仁姓莊氏受具于等慈寺僧妙晞初習南山律未幾遍謁禪林遂悟宗旨七住名山道譽甚高在長蘆日屬歲歉衆逾五百雖折床空甑而不忍去其爲學徒傾慕如此有且菴語録行於世

慧暉上虞人姓張氏早歲出家於澄照寺時宏智覺禪師主天童法席暉叅侍左右密授心印從此悟入嘗撰六牛圖頌以見意住雪竇三十年後住淨慈孝宗嘗召見奬曰真道人

妙義少歷方外晚駐上虞之彖田寒暑一衲不易紹熙元年三月忽與鄉人語別曰吾當遊矣俄秉筆書

偈遂趺坐几上現三昧火自焚而几不壞

妙廣廣福寺僧境多猿猱數百爲群食菽粟誦咒遣之盡去民有疾亦以咒療之

義圓漁浦開善寺僧釋機敏捷

元文明姓婁氏諸暨人母王氏姙時夢神人以白芙蕖授之乃生甫能言見母舉佛號即隨聲和之及長客居山陰靈璧寺窺內典輒嘆曰欲求出世間法非釋氏吾誰依大德九年披其寺僧思窮祝髮明年精進益力一夕集衆謝曰吾將歸矣遂書偈而逝

普容姓茅氏餘姚人有徒數十百人著圓修要義一

卷

宏濟餘姚姚氏子有戒行墳典過目不忘以流通經教爲已任泰定二年鹽官州海潮衝堤請濟詛之足跡所到土皆凝然楊維禎亟稱其詩

與恭餘姚人幼絕葷茹高潔通經典工詩

允憲阮姓諸暨人初爲正覺寺僧名家子機鋒頓悟遊方至天竺一轉語合即留住後祈雪有應賜緋

懷則上虞人宋景定間祝髮澄照寺銳意絫學往天竺諸寺究尋智者教觀四十餘年至元中住天台白蓮寺學者雲集徙杭州南竺高麗王子聞其道附書

相邀以年老辭之年八十餘卒有天台四教儀要正
行于世
懷實上虞任氏子受經于會稽澄心寺師以其魯鈍
令赴壽昌寺習禪定百日期滿果心衎開朗寺欲建
佛閣令實往天台伐木遠不能致即在彼山中誦大
悲呪以芝蔴一升記之乘盡夢山神告曰師第還吾
嘗助力約以時日令候於塘角村江岈如其言還寺
衆喚笑之至期大風雨果漂所伐木至閣遂成又塘
角村江岈屢崩實築塔其上潮遂不爲害一百二歲
無疾卒

時習山陰人延祐中以高麗王薦召至京令說法于南城寺頂門忽現異光縈結如蓋

嗣符姓羊氏上虞人年十三祝髮八十三卒臨終異香普遍

志廉上虞化度寺僧初遍參宗門晚節一意西方

元長蕭山人姓董氏所謂千巖者也居天龍東菴有蛇日來環繞長爲說法蛇拜謝而去由是聲光日顯嘗往烏傷伏龍山見龍壽守故址樂之手植一松誓曰此地般若復興吾松當茂後果化瓦礫爲伽藍松亦漸長析爲二幹詰曲如虯龍望之飛動至正十七

年南枝忽瘁已而長季因號般若枝宋學士濂爲賛

皇明了真天台人寄跡山陰諸寺嗜酒落魄拖杖乞錢市中時散與貧者冬月惟着單衣或敲氷而浴洪武二年大旱真乃留偈辭衆瞑目而逝鄉人舉龕燔於五雲門外甘雨隨澍

惟宗不知何許人嘗結亭于戴於山道左每盛暑烹茶以濟行客洪武十九年秋大旱惟宗曰願焚身以濟民即日齋戒火其身大雨如澍鄉人立土祠祀之

自悅餘姚人戒行高潔旁通儒書陶安每與譚易有異術能呪潮水不至洪武初被徵稱　旨

如皐餘姚人明真寺僧與自悅並以高僧徵

如玘餘姚人持戒甚嚴嘗住杭之演福寺　詔以爲

僧錄司左講經

許極餘姚人不識字有異僧過邑衆往作禮僧不語但舉錫杖畫地如一字衆莫省極伏地前曰師道是惟一無二僧舉杖指其面良久自是觸事能說偈語

彌永餘姚人建初寺僧了悟内典忽瞑目見佛光接引遂占偈而化

心泰姓孫氏上虞人幼受具等慈寺嘗從縣尹林希元學古文辭已住東山國慶寺累遷徑山退休等慈

年九十六卒所著有金湯編

成權嵊人坐卧繩床數十年日誦蓮華經一日床前忽湧蓮花一樹

佛進嵊人日念彌陀無頃刻輟如是者數十年一日别大衆示滅度期人笑以爲狂頃之持一鉢出乞米數升以歸届期衆視之危坐如常曰俟觀音大士至便逝衆益大笑日亭午人有以木刻觀音像來捨者以前所乞米設齋拜像畢遂攝衣坐衆環視之見目漸合稍稍氣不息迫視之逝矣

正虚新昌人居南巖寺若癡時或露宿一日囑其徒

曰我將化可作一龕衆無信者至期忽有一老人傴僂而來引之入龕焚香置正虛胷間遂誦法華經至七卷口中忽生烟身漸成燼惟餘衣屨捻珠耳老人忽不見灰中得舍利數枚今坐化臺尚存以上釋

紹興府志卷之四十九

人物志十五

方技

嵇之琴王之字皆古今絶技也乃皆吾郡產焉呼盛矣世或稱右軍才識絶倫觀其與殷淵源及會稽王書是殆以書掩之嗟乎二書止自以墨妙傳耳謝文靖在晉世最重然李長沙賦東山詩猶云憶昔城王右軍下此則郗太尉王文度矣安能使人主侯王將相以至文人墨士及方外衲子賈胡驕豎無不企慕也昔人謂諸藝宜習可傳者勿習不可傳者嵇琴竟

杳然惜哉廣陵譜具存世鮮工者余嘗試習之泉神妙愧手不能敏不造其微師曠之清角未足多也唐人稱吳道子與張長史同學書不勝去而爲畫楊惠之又與道子同學畫不勝去而爲塑其巧於用短如此近世人必孔子豈是師管簫爲甲楊班且靡何况諸末技駱兵部以相地受知　明王然每每自嗤嘗談餘姚三異已當其末日駱員外乃以地師終殿中軍焚經方閣王爵戒丹青古亦每爾卒之殷用清言着閻遂傳畫神品名難鈞亦難避也然吳人稱魏太僕校始學奕不工去既爲詩又不精去已乃及之理學

遂爲名儒此視吳楊之得失何如哉奕者詩者何頓
工精哉陳孫畫妙品赤松奕第二品相提而論當與
永師之書杭衡其他卜醫者流亦種種有奇昔范史
傳方術備列仙怪世說述巧藝兼及棋畫今以神仙
入仙釋餘總類爲方技傳云

漢謝夷吾山陰人少爲郡吏學風角占候太守第五
倫擢爲督郵時烏程長有臧釁倫使收案其罪夷吾
到縣無所驗但望閣伏哭而還一縣驚怪不知所爲
及還白倫曰竊以占候知長當死近三十日遠不過
六十日遊魂假息非刑所加故不收之倫聽其言至

月餘果有驛馬齎長印綬上言暴卒倫以此益禮信之後仕至郡守豫尅死日如期果卒勑其子曰漢末當亂必有發掘露骸之禍使懸棺下葬墓不起墳今府儀門云是其墓吏蹟詳鄉賢傳

韓説字叔儒山陰人博通五經尤善圖緯之學舉孝廉數陳災青光和元年十月説言於靈帝云其晦日必食乞百官嚴裝帝從之果如所言中平二年二月又上封事尅期宮中有災至日南宫大火

【吳】吳範字文則上虞人以治歷數知風氣聞於郡中大帝起東南範委身服事每有災祥輙推數言狀大

帝欲討黃祖範曰今茲少利不如明年明年荆州劉
表亦身死國亡大帝不聽卒不克明年軍出行及潯
陽範見風氣詣舡賀催兵急行至即破祖祖夜亡大
帝恐失之範曰未遠必生禽祖五更中果得之劉表
竟死荆州分割範又嘗言歲在甲午劉備當得益州
後呂岱從蜀還遇之白大帝說昭烈部衆離落死亡
且半事必不克大帝以難範範曰臣所言者天道也
昭烈卒得蜀大帝與呂蒙謀襲關羽議之近臣多曰
不可以問範範曰得之後關在麥城範曰彼有走氣
大帝使潘璋邀其徑路覘者還白關巳去範曰雖去

不免問其期曰明日日中大帝立表下漏以待之及
中有風動帷範拊手曰捷音至矣須臾外稱萬歲後
大帝與魏爲好範曰以風氣言之彼以貌來宜爲之
備昭烈興兵西陵範曰終當和親皆如言大帝以爲
騎都尉領太史令數從訪問欲知其決範秘惜其術
不盡語大帝恨之初大帝爲將軍時範嘗言江南有
王氣應在亥子之間大帝曰知言以君爲侯及立爲
吳王範時侍宴曰昔在吳中嘗言此事大王識之耶
大帝曰有之因呼左右以侯綬帶範範知大帝欲以
厭前言推不受及後論功行封以範爲都亭侯詔當

出大帝恚其愛道於己也削其名後卒大帝追思之募三州有能舉知術數如範者封千戶侯卒無所得

[晉]嚴卿會稽人善卜筮鄉人魏序欲暫東行時荒年多抄盜令卿筮之卿曰君東行必遭暴害之氣而非刼也宜禳之可索西郭外獨母家白雄狗繫着舡前求索止得駁狗卿猶恨其色不純當餘小毒及六畜輩耳序行半路狗忽作聲甚急比視已死其夕序墅上白鵝數頭無故自死而序家無恙

[宋]孔靈產山陰人泰始中罷晉安太守有隱遁之志於禹井山立館事道精篤頗解星文好術數齊高帝

輔政沈攸之起兵靈產白高帝曰攸之兵衆雖强以天時冥數而觀無能爲也高帝驗其言擢遷光祿大夫以麄威靈產上靈臺令其占候餉靈產白羽扇素隱几曰君有古人之風故贈君以古人之服當世榮之

唐　沈七越州人昝十李丹員外謂之曰聞消息李侍郎知政事某又得給事中如何沈七云李侍郎即被追不得社日肉喫後此無祿公亦未改不得給事中其時去社纔十四日果有勑追李侍郎去社兩日而上道至汴卒李亦不得給事中

吳仁璧女少能詩兼明玄象陰陽之學天復中仁璧登進士居越中甚貧困間常佯狂乞於市女曰大人慎出入恐罹網羅已而錢武肅王命撰其母墓銘仁璧不從遂被縶女泣曰文星失位大人其不免乎遂併女沉之東小江女年十八

宋姚寬精天文能決金亮之敗詳儒林傳

元張德元不知何許人至正間嘗為諸暨州吏目避亂居山陰有奇術善觀字知吉凶生一子名之曰槐忽謂友人是兒必死槐字木傍鬼非死兆耶未幾兒果卒其友病以豐字示之德元曰死矣明日訃至或

問其故德元曰豐字山墓所也丙丰封樹也豆祭器也墓既成矣尚欲生乎或以命字揖德元使占人病德元曰巳死君持命字以揖垂命之兆也巳而果然徐總制書字問德元德元曰據字今夕君當納寵徐歸其夫人呼一婦人出拜乃乳媼也嘗飲劉彥昭家曰今夕復有客巳而客至問之德元曰吾聞滌器聲故耳

皇明馮汝賢諸暨人永樂中任蒲臺縣丞亦精相字術

邢元愷嵊人瞽目課卜多奇中　以上占候

宋莫起炎山陰人少習舉子業不利乃絕世故著道士服更名洞一號月鼎師青城山徐無極及南豐鄒鐵壁傳斬勘雷書能召鬼神驅叱之寶祐六年浙東大旱紹興守馬鸞迎致之起炎登壇瞑目按劒呼雷神役之即陰霧四起震雷大雨理宗作詩賜之元初見世祖於內殿世祖曰雷可聞乎起炎即取袖中核桃擲地雷應聲發又命請雨雨隨至

元馮道助山陰人善幻術凡里中犬齧人者道助指之則狂猘以死有村夫板築道側見行者偶妨其業則詈之道助摘草置其上已而所築連堵皆潰三江

戍卒侮之遜謝不與較但引之坐石橋上道助既去戍卒踰時不能起道助行三十里許摘草與樵者曰某橋上有戍卒數人可以此草與之樵夫如言戍卒始能去嘗至丁墟呼農夫渡不得遂幻雙鯉躍田中見者取鯉不盡踩躪又嘗暑行至顧埭乞瓜于圃人弗與蔓中忽走一白兔行者爭逐之瓜蔓亦盡傷後符籙事發覺有司遣人持牒往捕適與捕者遇於途取捕者公牒去而捕者昏然不見

皇明鄮玄真諸暨人幼學道術年五十而術通能驅雷電宣德間過大部鄉宿農家其家無煙而火泌石

從空中下玄真書一符焚之即有大雷震死一狐

葉玄新昌人幼時渡槐潭溺水見一赤面長鬚人救不死自是遂通符呪諳五雷祈雨法成化間郡大旱守白公延之祈雨即時大澍府倅女爲妖所惑書符懸之少頃震雷擊巨蛇死女漸愈後不知所終

黄裳字丹霞世居天台後寓上虞挾五雷法遇旱祈禱輒應年八十六卒 以上符術

楊宗敏新昌人永樂間有異僧扣門父館穀之因授宗敏堪輿術已遂得神解登山隔十里許即知作穴所向及倒杖不爽毫釐人稱爲楊地仙

駱用卿餘姚人積學不第以經術授徒他郡族故有戍籍在關中適徵檄至應代者不欲往偵用卿解館歸未至家賂來卒倉卒以用卿行至彼以衛學生中陝西鄉試正德三年進士歷官兵部員外郎致仕僑居通州精堪輿術嘉靖中建　初陵大學士張孚敬尚書汪鋐交薦之擇地於十八道嶺具圖說以進遂用之今　永陵是也用卿卒於通州　以上堪輿

晉　于法開見仙釋傳後避支遁居剡更學醫術明解嘗旅行暮投主人其家妻臨產而兒積日不墮法開曰此易治耳殺一肥羊食十餘臠而針之須臾兒

下手嘗裹兒出

齊徐熙東海人僑居山陰秦望山嘗遇一異人遺一瓠曰君子孫宜以醫術顯開之乃扁鵲鏡經遂精醫學後子孫皆以醫名

宋張永洛陽人以醫術爲翰林醫學與太醫令李會通同時先時會通治宫中疾用煎劑弗效永議爲散進之即愈詔擢會通爲駐泊郎會通奏功由於永因同授駐泊郎行八人呼爲伯八駐泊扈從高宗南渡因家餘姚後登進士積勞至禮部尚書學士所著有衛生家寶及小兒方傳于世子孫精醫者至今猶多

皆以駐泊爲名駐泊不知何義俗傳醫術精舟車集馬因得名按稱[illegible]以駐泊郎似是官名考宋史職官志無駐泊銜第醫官內有保安郎權易副使豈即此官而人稱之曰駐泊耶

元滑壽字伯仁儀真人僑居餘姚少學醫于京口王居中受素問難經以素問篇次無緒難經又多缺誤乃類次手抄而讀之且爲之注已乃叅考張仲景劉守真李朋之三家而大同之得其開闔流注方員補瀉之妙又傳鍼法於東平高洞陽究十二經及督任二脉走會屬絡流輸交別之要通考隧穴六百四十有七而施治功以盡醫之神秘由是所療無不奇效能決生死一婦孕患腹痛呻吟隔垣聞其聲曰此蛇

妖也砭之產數蛇得不死又一婦臨產而死視之曰此小兒手捉其心耳砭之卽甦少頃兒下大指有砭跡姚人所傳如此壽無間貧富皆往治報不報弗較也與朱丹溪彥脩齊名在淮南曰滑壽吳曰伯仁鄞越曰攖寧生所著有十四經發揮三卷及難經本義讀傷寒論抄診家樞要痔瘻篇醫韻等書傳于世今子孫爲餘姚人知府浩是其孫葉知府逢春云壽蓋劉文成基之兄易姓名爲醫文成旣貴嘗來勸之仕不應留月餘乃去

陳白雲紹興人不知何名項昕傳其醫術

項昕字彦彰溫州人僑居餘姚自幼業醫從金華朱彦脩錢塘陸尚靜集慶戴同父紹興陳白雲受五運六氣之説治病往往奇中著脾胃後論補東垣之未備爲人美髯喜詞章善音律

貝瓚字彦中上虞人貝氏世業儒而瓚以醫聞

王公顯新昌人字逵卿性聰敏方元盛時人習科舉業其父乃使學醫私語之曰元非中華主不久將有干戈之難汝勿求仕業醫則可矣由是公顯遂精於醫未幾南北兵起父言果驗邑中大疫公顯與其子宗與治問療治之所活甚衆孫性同洪武中舉醫學

訓科

皇明石逵字良仁諸暨人宋尚書公弼之後洪武中辟薦至京師會諸王有疾近臣或言逵善醫　詔視之有效自是遂以醫顯後爲御醫院使戴元禮甚推重之

俞用古新昌人以神醫名有病人方危篤呻吟臥延用古治一人無病欲試用古術亦避入帳內作病狀用古俱診之曰呻吟者可治初病者膀胱氣絕必死主人大笑之已而其人果以忍便急溼泄卒而病篤者竟愈王氏數口忽皆瘖啞醫莫治用古見雉毛盈

廚曰吾得之矣蓋雉是時多啄半夏其毒在內取薑沐飲之立愈 一女子欠伸兩手直不能下用古曰灸丹田因灼艾詐作欲解其裩帶狀女子驚護之兩手遂下

樓英蕭山人字全善精於醫居玄度巖有仙巖文集二卷又著氣運類註四卷醫學綱目四十卷

樓宗望蕭山人亦以醫名永樂間 召至京師賜予甚厚

胡廷寅名譓會稽人以字行幼業儒長遇異人遂精醫術成化中徵至京師授御醫歷左通政

黃武字維周山陰人習舉子業不就乃學醫先是越人療傷寒輒用麻黃耗劑武獨曰南人質本弱且近世人鑿伐甚多本已撥而攻其表殺人多矣乃投以參芪輒取奇效自是越之醫咸祖述之

費傑字世彦山陰人曾大父子明爲元世醫至宗傑尤精患劇疾者雖百里外必迎傑傑至投一二劑輒効性仁厚嘗設藥餌以周邑之煢獨者又葬疏遠無歸者數十人嫁外姓之孤者五人時劉憲使患熱症或誤投以桂附瀕死傑亟疏治之乃甦竟不居其功憲使甚賢之郡守戴琥尤重其雅誼加賓禮焉所著

有畏齋詩稿名醫抄經驗良方子愚登進士仕至郡守

道人無名氏亦不知自何來戴華陽巾披鶴氅自言精方藥凡針藥所不能及者能刳割湔洗若華旉然人不信過嵊之長樂鄉有錢遵道者病噎不治自念刳割不驗死不刳割亦死均死請以醫試道人用麻沸散抹其胸割之長七八寸許出痰涎數碗遵道暈死無所知頃之甦以膏傳割處四五日差噎亦愈復能飲食道人不受謝去

呂素常嵊人成化間治傷寒有異效　以上醫

周　陳音楚人善射范蠡進於越王因令教軍士習射於北郊之外詳武備志　以上射

漢　蔡邕見寓賢傳篆隸絕世尤得八分之精微體法百變窮靈盡妙嘗待詔鴻都門下見役人以堊帚成字感而爲飛白飛白之書自邕始於會稽作筆論曰欲書先散懷抱任情恣性然後書之若綰閑務雖中山兔毫不能佳也又云書有二法一曰疾二曰澁得疾澁二法書妙盡矣

魏　虞松字叔茂餘姚人官至中書令大司農竇臮述書賦云名微格高復見叔茂體裁簡約肌骨豐嫭如

空凝斷雲水泛之連鷺

嵇康見隱逸傳唐人書評云康書如抱琴半醉詠物緩行又若獨鶴歸林羣鳥乍散述書賦云精光照人氣格凌雲力舉巨石芳逾衆芬

晉孔侃字敬思山陰人歷官至大司農有名江左善行書

孔愉字敬康侃之從弟見鄉賢傳善草書述書賦云思行則輕利峭峻驚虬逸駿康草則古質鬱紆落翮摧枯

謝藻字叔文山陰人官至中書侍郎述書賦云叔文

法鍾纖薄精練用筆雖巧結字未善似漸陸之遵鴻
等窺巢之乳燕
丁潭字世康見鄉賢傳述書賦云亙古不忘吾推世
康似無逸少如禀元常猶落泰階之蓂莢掇秘府之
芸芳
王羲之見寓賢傳七歲善書十二見前代筆說於其
父枕中竊讀之母曰爾看用筆法父見其小恐不能
曰待爾成人吾授也羲之拜請今而用之使待成人
恐蔽兒之初令也父喜遂與之不盈月書便大進衛
夫人語太常王策曰此兒必見用筆訣近見其書便

不可信

有老成之智流溺曰此子必蔽吾名學書名或時冠履皆墨五十三書蘭亭序五十六書黃庭經書訖空中有語卿書感我而况人乎吾是天台丈人嘗以章草答庾亮亮示弟翼翼時亦以善書名見之乃歎服因與羲之書云吾昔有伯英章草十紙過江顛狽遂乃亡失常歎妙迹永絕忽見足下答家兄書煥若神明頓還舊觀遊天台還會稽值向夕風月清朗題字洞庭臺柱其飛字宛若龍爪後人稱爲龍爪書其他題扇書几換鵞事語在山川物産志每自稱我書比鍾繇當抗行比張芝之草猶當鴈行也庾肩吾書品曰

探妙測深盡形得勢煙華落紙將動風彩帶字欲飛、惟張有道鍾元常王右軍其人也、張工夫第一○天然次之○鍾天然第一○工夫次之○王工夫不及張○天然過之○天然不及鍾○工夫過之○論者稱其筆勢飄若浮雲、矯若驚龍○梁武帝評曰王右軍字勢雄强○如龍躍天門○虎卧鳳閣○唐文皇賛曰煙霏露結○鳳翥龍蟠○孫過庭書譜曰樂毅論情多怫鬱東方賛意涉瓌奇、黄庭經則怡懌虛無、太師箴又縱横爭折、蘭亭興集思逸神超、私門戒誓情拘志慘、羲之之書多不一體、隸行草章草飛白五體俱入神、隸今真書也、八分入妙、畫亦

精絕米南宮云右軍筆陣圖前有自寫真今茂苑章
氏帖摹馬妻郗氏亦工書。有七子。少子獻之最知名。
玄之凝之徽之操之並工草。黄伯思曰逸少書凝之
得其韻。操之得其體。徽之得其勢。渙之得其貌。獻之
得其源。
獻之見鄉賢傳尤善草隸幼學於父次習於張芝爾
後別刱法率爾師心冥合天矩年五六歲時學書右
軍從後潛掣其筆不脫乃歎曰此兒當有大名遂書
樂毅論與之能極小真書行草尤多逸氣嘗白其父
曰古之章草未能宏逸今窮偽畧之理極草縱之致

不若藁行之間於往法圓殊大人宜改體張懷瓘云子敬才高識遠行草之外更開一門夫行書非草非真離方遁圓在乎季孟子敬之法非草非行開張於行流便於草風行雨散潤色開華數體之中最爲風流者也後世或謂破體書嘗與簡文帝書十許紙題最後云下官此書甚合作願聊存之書品云泥帚最驗天骨擊筆復識人工一字不遺兩葉傳妙獻之又妙於畫桓温嘗請畫扇誤落筆就成烏駁牸牛極妙絶又書駁牛賦於扇上此扇義熙中猶在

郗愔見職官志後居會稽善行書少與右軍齊名

謝安見寓賢傳學正書於右軍右軍云卿是解書者

書品云謝安郗愔草正並驅王僧虔云謝安亦入能流殊亦自重得子敬書有時裂作校紙

謝道韞見列女傳善行草李嗣真書品列在中下曰雍容和雅芬馥可玩

謝敷見隱逸傳善草隸王僧虔曰謝靜謝敷並善寫經亦入能境

葛洪見仙釋傳米元章云洪天台之觀飛白爲大字之冠古今第一

宋賀道力山陰人吳興令善草書尺牘尤美王僧虔

曰賀道力書亞丘道護述書賦云道力草稚圓轉不窮壯自躬之體格疲逸少之流通

謝靈運見儒林傳母劉氏王獻之甥故能書特多獻之法王僧虔曰謝靈運書乃不倫遇其合時亦得入流昔子敬上表多於中書雜事中皆自書竊易真本上謝太傅殊禮表亦是其例今有刻在關中王元美云非也乃中載靈運詩耳内尚有唐人兩絶句真蹟在無錫華氏庚肩吾書品靈運在下之上

謝方明見鄉賢傳述書賦云二謝兩張連輝並俊小王風範骨秀靈運快利不拘威儀或擯猶飛湍激石

霅汪雷迅方明寬和慰媚且潤如幽閑女德禮教士

僞惠連郎方明子也

孔琳之見鄉賢傳善書與羊欣齊名時稱羊真孔草王僧虔曰琳之書天然絕逸極有筆力規矩恐在羊欣後梁武帝書評謂如散花空中流徽自得書品列中之上妻謝氏亦工書

孔廞字季舒會稽人官至光祿大夫述書賦云季舒纖勁循古有禮遇稀難評惟著一啓

梁

謝善勛山陰人初齊末王融圖古今雜體有六十四書湘東又遣沮陽令韋仲定爲九十一種善勛增

其九法合成百體其中以八卦書爲第一以大小爲兩法徑丈一字方寸千言

陶弘景見仙釋傳武帝嘗與論書評其書如吴興小兒形狀雖未成長而骨體甚峭快

陳僧智永師七世祖逸少於永欣寺樓上積年學書業成方下有禿筆頭十甕每甕皆數石人來覔書者如市户限爲之穿穴乃用鐵裹之人謂鐵門限後取筆頭瘞之號退筆塚自製銘誌臨寫真草千文八百本江南諸寺各留一本李虞監云一字直五萬王司馬元美云少時任尚書郎曾見一絹本智永千文於山

陰董氏妙墨深入膚理翁鬱欲飛真神物也令張子
蓋家亦有真草千文是楮紙寫一云是王文成家物徐
文長定爲智永書

僧智果工書銘石甚瘦健煬帝甚善之果嘗謂永師
曰和尚得右軍肉智果得骨

賀朗會稽人工書官至秘書監述書賦云賀氏曰朗
雖非動人不凡筆力猶阻學貧

隋　虞綽見儒林傳工草隸書後品云鋒穎迅健

唐　虞世南見鄉賢傳隸行草入妙本師於智永及其
暮齒加以遒逸得大令之規矩姿榮秀出秀嶺危峯

處處間起行草之際尤所偏工世謂與歐陽詢智均力敵然虞内含剛柔歐外露筋骨君子藏器以虞爲優太宗學其隸書每難於戈法一日書戩字召世南補寫其戈以示魏徵徵曰戩字戈法逼真帝賞魏公之精後卒帝歎曰吾無與論書者矣族子纂書有叔父體而風骨不及

僧辯才智永弟子臨其師書逼真百家技藝悉造其妙寶愛蘭亭真跡太宗求之不與用蕭翼賺得之詳古蹟志

賀知章見儒林傳善草書好事者供其牋翰每幅不

過數十字共傳寶之與張旭同遊遇人家墻壁屏障
輒率意落筆
徐師道字太真會稽人裴行儉辟授九龍尉棄官歸
精於翰墨
嶠之師道子字惟嶽以書翰世其家有氣節嘗面諍
張易之終洺州刺史正書入妙行書入能今閣帖所
摹春首帖是洺州時書甚有大令態常書告身米
元章曰唐官告在世爲徐嶠之體殊不俗
浩嶠之子見鄉賢傳少受筆法於父後以明皇字體
肥遂稍加肥以合時好常書四十二幅屏風八體皆

備其朔風動秋草邊馬有歸心十數字草隸相參皆爲精絕世狀其法曰怒猊抉石渴驥奔泉米元章曰浩書如蘊德之士今世所傳聖德感應頌碑是浩隸書述書賦云廣平之子令範之首婭姹鍾前逶迤王後浩古跡記末云臣長男璹臣自教授幼勤學書在於真行頗知筆法使定古跡亦勝常人又子峴亦工於行草石曼卿得其石刻屢稱於人四葉書名世罕其儔矣

潘述會稽人張揖因淑獻書闕廷拜龍興尉述書賦云潘袞兩傾蜎

宋杜衍見鄉賢傳善書蔡君謨推以草聖晚年益工鄭子經衍極問宋之名家曰杜祁公之流便

張即之蕭山人參知政事孝伯之子以父蔭歷官司農寺丞授直秘閣致仕書名滿天下金人極愛重之懸餅金購募其作擘窠大字不一詩輒盡一幅絹尤飛白

皇明張員字壹民一字天民左目無瞳子自稱左瞽善草書亦工畫然不爲貴勢人作洪武初辟爲開化教諭

魏驥見鄉賢傳藝苑卮言云魏貞書名雖圓健而不

免俗

沈恪字克敬會稽人爲人孝友善題署魏公驥林公鶚皆重之今子孫猶世其楷法

王新建守仁見理學傳善行書出自聖教序得右軍骨第波豎微不脫張南安李文正法耳然清勁絶倫所至好題壁今皆勒石後營宅郡城每歸姚常寓其從第某宅其俟其至輒具佳紙磨墨滿硯置案上守仁興到則書之挂軸横卷堂額門帖無所不有今皆有力者購盡

鄒魯遺餘姚人善書著書法張即之今西興渡莊亭古

蹟是其所書書家謂入能品
陳隺前附隱逸傳高自位置恒稱中國陳鳴野真書得晉人位置法頗有韻第太肥乏鋒穎自云出鍾太傅其徑四五寸以上者固勁秀絕俗草效狂素龍蛇满紙亦枯硬恨結構未密畫未是當行家稍能以巳意勝酬餘對客揮毫亦自翩翩然總之不若其詩
楊珂見隱逸傳王司寇元美跋其所書雜詩云余初入比部時同舍郎吳峻伯論書法輒云故人楊秘圖珂者今之右軍也余購得此卷不勝喜以示峻伯峻伯字爲之解云此非右軍而何余時心不能伏然無

以辨之又數載稍稍識書法一日檢故卷出而更閱之蓋楊生平不見右軍佳石刻僅得今關中諸王邸㬢楊十七帖其結構盡訛鋒勢都失別作一種細筆而臨摹不已遂成鎮宅符又似雨中聚蚓耳然詩語亦得一二佳者今聞其人尚在多作狂草或從左或從下起或作偏傍之半而隨益之其書益弱而多譌然自負日益甚詩亦日益下第其爲人瀟灑食貧有遺世之度可念也

徐渭詳序志是懸筆書所臨摹甚多擘窠大字類蘇行草類米其書險勁有腕力得古人運筆意恨不入

俗眼吳人稱祝名明日當其窘時持少錢米乞書輒隨手得已小饒更自貴也渭亦然其論書訣云分間布白指實掌虛以爲入門迨布勻而不必勻筆態入淨娟天下無書矣握入節乃大忌於古人甚服索靖以爲精而傲篆近世書甚取倪瓚而不滿趙吳興以上書

[晉]戴逵見寓賢傳晉圖畫窮巧丹青十餘歲在瓦官寺畫王長史見之曰此童非徒能畫亦終當致名恨吾老不見其盛時耳嘗就范宣學范以畫無用不宜勞思逵乃畫南都賦圖范看畢咨嗟甚以爲有益始

重畫中年畫行像甚精妙庾道季看之曰神明太俗由卿世情未盡遠曰惟務光當免卿此語耳遠亦工書總角時以鷄子汁溲白瓦屑作鄭玄碑自書刻之人謂文旣奇麗書亦妙絶

唐 陳閎會稽人善畫尤長於人物以能寫真本道薦之玄宗開元中召入供奉每令寫御容妙絶當時玄宗射豬鹿兔按鷹等幷按舞圖皆受詔寫貌又太清宫肅宗像匪唯龍章鳳姿日角月宇之狀而筆力遒潤風彩英逸合符應瑞天假其能也閻立本之後一人而已咸宜觀天尊殿内畫上仙圖及當時供奉道

士等真皆一一工妙又嘗爲徐侍郎畫本行經幡二口有女能織成妙絶無並其寫真人神人物子女等前後罕倫玄宗嘗令京兆韓幹師閎畫焉唐畫斷云陳閎貌之於前韓幹繼之於後寫渥洼之狀不在水中移騕褭之形出於天上韓故居神品陳秉寫真居妙品上

孫位會稽處士有道術兼攻書畫皆妙得筆精僖宗西幸之年隨駕止蜀嘗於應天寺門左壁畫天王部從鬼神奇怪斯存筆勢狂縱三十餘年無有敵者景煥其先亦專書畫嘗與翰林歐陽學士烱廼忘形之

友一日聯騎同遊茲寺偶畫右壁天王以對之渤海
某公觀其逸勢復作歌行一篇以紀之續有草書僧
夢龜後至又請書之於廊壁上書畫歌行一日而就
傾城人看填咽寺中成都號爲應天三絶

某公歌行

錦城東北黄金地故跡何人興此寺白眉長老重名公曾識會稽山處士寺門左壁圖天王威儀部從來何方鬼神怪異滿壁走當簷颼颼生秋光我聞天王分理四天下水晶宮殿琉璃瓦綵仗時驅拂琳裝金鞭頻策騏驎馬毘沙大象何光輝手擎巨塔凌雲飛地神對出寶餅子天女倒披金縷衣唐朝説著名公畫周昉毫端善圖寫張僧繇是有神人吳道子稱無敵者奇哉妙手傳孫公能於此地留神蹤斜窺小鬼怒雙目直倚越狼高半胷寶冠動揔生威容趨蹌左右來傾恭臂横鷹爪尖纖利腰纏虎皮斑剥紅飄飄但恐入雲中步驟還疑歸海東蟒蛇拖得渾身墮精魅搦來雙眼空當時此藝實難有鎮在寶坊稱不朽東邊畫了

空西邊留與後人教敵手後人見者皆心驚盡爲名公不敢爭誰知未滿三十載或有來間生匡山處士名稱朴頭骨高奇連五嶽會持象簡累爲官又有蛇珠常在握昔年長遇奇蹤今日門師識景公與來便請泥高壁亂搶筆頭如疾風旋迴隊仗何顛逸撒漫奇形皆湧出交加器械滿虛空兩面或然如鬭敵聖王怒色覽東西劒刃一揮皆整齊腕頭獅子咬金甲脚底夜叉擊絡鞮馬頭壯健多筋節烏觜彎環如屈鐵遍身蛇虺亂縱橫遶頷髑髏乾孑裂眉麤眼豎髮如錐怪異令人不可知科頭巨卒欲生鬼半面女郎安小兒况聞此寺初興置地脉沈沈當正氣如何請得二山人下筆咸成千古事君不見明皇天寶年畫龍致雨非偶然包含萬象藏心裏變現百般生眼前後來畫品列名賢唯此二人堪比肩人間事物皆求得此樣欲於何處傳嘗憂壁底生雲霧揭起寺門天上去

僧道芬會稽人畫山水格高

【宋】丁權字子卿會稽人善畫竹自述竹譜

賀其會稽人方回裔孫號鑑湖懶民作平遠細竹瀟
灑可愛
元尚雨字仲彬山陰人善山水雜畫松石師郭熙墨
竹瀟洒可愛
鮑敬字原禮山陰人善畫人物亦善花木禽魚嘗爲
人畫牡丹姿態天然牛效李廸
陳憲章會稽人善畫梅有聲京畿
楊維翰字子固諸暨人維楨之從兄善水墨蘭竹爲
柯九思所推
毛倫字仲庠諸暨人貧放情吟咏善畫竿及木石

張英字仁傑諸暨人有儒行善畫花鳥

鄭彝見儒林傳善畫草蟲蘭蕙

皇明

王冕見儒林傳、善畫梅。不減楊補之、

俞鵬字漢遠、上虞人善畫、浪游兩京、名重公卿間性耿介。時有巨璫欲薦授一官卽偃卧不肯起。其畫亦不易得。輿至乃寫。

表子初字叔言、上虞人、流寓江右、寫梅得王元章法、

史琳字元瑞餘姚人、仕至右都御史、贈太子太保善墨竹。居官甚廉。故居止構一廳。又湫隘甚。

楊榮字時秀、餘姚人、成化八年進士、歷官都水郎中、

轄南河以檀執壽寧侯家人逮　詔獄放歸尋卒亦善墨竹嘗作竹於徐州公署壁上後其孫刑部侍郎大章爲勒石焉榮工於詩舉人不第時嘗於舟中著和唐音一部今行於世

馬時賜名暄以字行精丹青尤善古隸弘治初徵入

内殿供事授錦衣衛撫

史旦嵊人畫禽鳥甚精所爲蘆花群鴈率愛重之

錢世莊嵊人工畫驢色態飛動如生

楊節字居儉餘姚人弘治末以懷才抱德舉已乃以善書直　内殿爲序班正德初餘姚人咸逐節亦謫

爲袁州檢校逾數年推高郵判官還家卒書㕘顔魯公更加瘦勁書菊有草書法亦能文章

徐蘭字秀夫餘姚人善水墨蒲陶行書髣髴趙松雪先伯父孝子公見前傳善畫菊初受法於舅氏楊節晚年乃時出新意性本愛菊所居輒種菊日夕玩之故畫每得其神其畫格亦與衆別黄紫參差出儼如庭植書學顔魯公行草咄咄逼坐位帖王維楨孫伯子畫菊歌畫菊自有孫伯子眼中菊花無顔色千葩萬萼出愈奇鄭老王丞俺不得鄙人重菊尤重孫初乞一揮桂吾軒霜天搖落群芳盡錦石崢嶸數樹存坐觀立玩忻還詡紫艷金英爛相射恍惚如遊甘谷叢幾疑摎東籬下東籬甘谷杳難尋畫手千年秖見今細葉跡枝秋娜娜含煙帶露氣蕭森吁嗟伯子之菊胡爾殊

少日致品自三吳分畦列植繞山墅朝吟把朶夕對壺一吟一醉情相悅便欲因之向點綴濡毫拂絹花神愁生色眞機造化泄名筆今餘二十年長安門閾踏將穿孤芳一出連城賤尺幅持來萬戶傳孫伯子勁氣貞操無與比畫中霜幹究相似已知勳望收人寰況覩丹青推　帝里東園繁華李共桃才看綽約終飄搖南渚芙蓉惟稱絕娉婷可耐秋風高三花總不煩君子煩君更寫菊之友紫蘭翠竹園清泉天寒歲暮恒相守

今山陰朱太僕南雍善畫山水木石法出吳沈周亦或效倪瓚常見其效倪巨幅甚清勁絕俗又會稽沈知府襄亦善墨梅幹隨筆生枯潤咸有天趣襄少卿鍊長子　以上畫

【漢】蔡邕妙操音律桓帝時五侯擅恣聞邕善鼓琴白

帝勑陳留太守督促發遣邕行至偃師稱疾而歸後避地會稽見柯亭椽竹知其可以爲笛詳古蹟志又在吳有燒桐以爨者邕聞火烈之聲謂是良木請裁以爲琴果有美音而尾猶焦傳玄琴賦曰蔡邕焦尾是也所精曲世傳蔡氏五弄

〔魏〕嵇康博綜伎藝於絲竹特妙而尤工於琴人稱嵇琴嘗遊洛西投宿華陽亭了無人獨在亭中至一更操琴先作諸弄聞空中稱善康撫琴呼之曰君何以不來此人云身是古人聞君音曲清和故來聽耳而就終殘形不宜以接侍君子已髣髴漸見以手挈其

頭遂與康共論聲音其辭清辯謂康君試過琴康以琴授之既彈悉作衆曲亦不出常惟廣陵散絶倫康從受之半夕悉得與康誓不得教他人亦不言姓字一云康夜彈琴忽有一鬼著械來歎其手快曰君一絃不調康與琴調之聲更清婉問其姓名不對疑是伯喈康臨刑時問其兄曰向以琴來否耶兄曰以來康取調之爲太平引曲成顧視日影歎曰太平引於今絶也晉書謂是廣陵散絶

晉賀思令會稽人善彈琴常夜坐月中臨風鳴絃忽有一人形貌甚偉著械有慘色在中庭稱善便與交

語、自云是嵇中散、謂賀云、卿下手極快、但於古法未備、因授以廣陵散、賀遂傳之、今世所傳譜是也、

戴逵善琴、武陵王晞召之、即破琴、晞怒、乃更引其兄述、述聞命欣然操琴而往、逵子勃顒不忍傳父琴、更造新弄、顒亦有傳、

王敬伯、餘姚人、善鼓琴、仕爲東宮扶侍、嘗至吳郵亭維舟中渚、秉燭理琴、見一女子披幃而進、二女子從焉、先施錦席於東床、既坐、取琴調之、聲甚哀、女子曰、此曲所謂楚明光者也、惟嵇叔夜能爲此聲、自此以外傳習數人而已、

唐獨孤生失其名居山陰嘗於鏡湖吹笛有人雲之聲詳古蹟志 以上音樂

晉支公以圍棋爲手談

宋夏赤松會稽人文帝好棊於時江左能棊人瑯琊王抗第一品吴郡褚思莊及赤松第二品赤松思速善於大行思莊思遲巧於鬭棊又云抗神速思莊巧遲抗取勢赤松鬭子

唐王叔文山陰人德宗時以棊待詔後侍順宗東宮因緣亂政憲宗立乃貶死

宋鄭日新越州人少善棋世號越童

皇明岑乾，餘姚人。餘姚自弘治以來，俗頗尚奕，童子中往往能布算，不數管中窺豹，士大夫相聚率延奕，多擅聲於縉紳間。王元美奕旨云：今後進中，閩有陳生，蔡生，越有岑生，揚有方生，鼎立，而蔡與岑尤張甚，皆未可量也。岑即乾，童時嘗從父遊武林，或覓日他往，家人怪之，乾曰：有群兒呼與奕。自是頓異。後浪迹京師，諸名公爭延之，奕名由此顯。嘗奕勝京師顏倫，倫近時稱天下第一手也。然是時倫向衰矣，而乾亦謂余曰：與顏奕，必謝絶人事，養十日精力，乃可。乾馳名早，人謂之小岑，惜未及四十卒，未見其止，於時餘

姚又有邵甲者中年奕陡進日月異最後止讓乾一道乾甚忌之先乾卒今姚中後起者亦籍籍有人然皆未及乾以上棋

單俊良蕭山人國初創圖籍覈數上其式有詔命天下法之又以踏車灌田之勞剏設牛車以機輪轉之今鄉之牛車單制也以上匠

紹興府志卷之五十

序志

越絕書十五卷不知何人作末叙外傳記第十九曰賜見春秋改文尚質譏二名興素王亦發憤記吳越章句其篇以喻後賢聖人發一隅辯士宣其辭聖人絕於彼辯士絕於此故題其文謂之越絕又曰維子胥之述吳越也因事類以曉後世著善爲誠譏惡爲誠句踐以來至乎更始之元五百餘年吳越相復見於今百歲一賢猶爲比肩記陳厥說略其有人以去爲姓得衣乃成厥名有米覆之以庚禹來東征死葬

其疆不直自斥託類自明寫精露愚略以事類俟告後人文屬辭定自于邦賢邦賢以口為姓丞之以天楚相屈原與之同名明於古今德配顏淵時莫能與伏寵自容年加申酉懷道而終友臣不施猶夫子得麟覽覩厥意嗟歎其文於乎哀哉温故知新述暢子胥以喻來今經世歷覽論者不得莫能達焉猶春秋銳精堯舜垂意周文配之天地著於五經齊德日月比智陰陽詩之伐柯以已喻人後生可畏蓋不在年其說如此故或云是子貢作又云子胥作考卷中多漢西京語又載子胥死後事甚詳其非二公撰明白

蓋茲書以貢胥爲重古人論說多自有述或不無所本據稱更始之元則的係漢人其姓名似是袁康而寔於越搜往籍屬郡人吳平編次之其文奥古多奇地傳具形勢營構始末里遠近是地志祖

吳越春秋東漢趙曄撰曄山陰人事見人物志其文氣卑弱語多俳又雜以讖緯怪誕之說不及越絕遠甚宋徐天祐序云隋唐經籍志皆云十二卷今存者十卷殆非全書二志又云楊方撰吳越春秋削繁五卷皇甫遵撰吳越春秋傳十卷此二書今人罕見獨曄書行於世曄傳在儒林中觀所作乃不類漢文按

邯鄲李氏圖書十志目謂楊方嘗刊削曄所爲書至皇甫遵遂合二家考正爲之傳註又史記注徐廣引吳越春秋語而索隱以爲今無此語他如文選註引季子見遺金事吳地記載闔廬時夷亭事及水經注嘗載越事數條類皆援據吳越春秋今曄本咸無其文亦無所謂傳註豈楊方所巳刊削而皇甫所未考正者耶曄書最先出東都時去古未甚遠又山陰人故總述視他書所紀二國事爲詳取節焉可也

會稽典錄晉虞預著預餘姚人事見人物志其書今越中無有然王司寇藝苑巵言稱倫方紀以華陽國

志荊州記爲第一而謂虞預會稽典錄亦其流亞則
似見其書者余嘗托顧選部憲成索之於其嗣君舉
首士麒尚未得

吳越備史五代范坰撰又補遺

吳越紀宋謝沉撰

越州圖經宋李宗諤撰

四明志宋羅濬撰

明越風物志宋姜嶼撰

會稽覽古詩華鎮撰鎮會稽人宋進士事見人物志
其詩百餘篇凡山川人物上自虞夏至于五季爰及

宋有可傳者皆序而詠歌之歷按史冊旁考傳記以及稗官瑣語之所載咸見採摭傳崧卿稱其詞格清麗典寄深婉足以垂觀來者今其書亦罕傳舊郡志閒引其語

會稽後賢傳楚人鍾離岫撰亦未見

會稽志二十卷施宿作宿吳興人嘗爲餘姚令後又爲郡通判陸游爲之序曰中興初晉越州爲府冠以紀元實股肱近藩也山川圖諜宜其廣載備書顧未暇及者緜數十年直龍圖閣沈公作賓來爲守始慨然任之而通判府事施君宿發其端安撫司幹辦公

事李君兼韓君茂卿爲之輔郡士馮景中陸子虛王度朱偁永嘉邵持正等相與搜羅討論焉蓋上祖禹貢下考太史公及歷代史金匱石室之藏旁及爾雅本草道釋之書稗官野史所傳神林鬼區幽怪慌惚之説秦漢晉唐以降金石刻歌詩賦詠殘章斷簡靡有遺者若父老以口相傳不見於文字者亦間見層出積勞累月乃成沈公去爲轉運副使猶經營此書不已華文閣待制趙公不迹寶文閣學士袁公説友繼爲守亦力成之而始終其事者施君也書用長安河南成都相臺之比名會稽志會稽爲郡雖遷徙靡

常而郡本以山得名又禹所廵也故卒以名之既成屬游參訂其槩今人但謂之放翁志幾不知有施君然觀篇末參訂之語則亦似與潤色矣其文辯博可喜筆力暢健有蘇氏父子風非此老宜不能若此施君及放翁事俱見人物志

續志八卷宋梁國張淏撰記嘉泰辛酉以後事而亦補前志之遺前志無進士題名此尤其不可遺者也與前志板俱存府齋今稍糢糊殘闕

紹興名宦鄉賢贊山陰王綖撰名宦七十三人鄉賢八十八人今附刻舊志後

越詠詠越中山川古蹟山陰耆儒王埜韻晉唐以來名人作張公天復復增輯十之三四而刻之板藏修撰元忭家十二卷埜博學能文亦有行鄉人至今稱之

紹興先達傳吳騵撰騵字文英山陰人少敏慧博學洽聞才名籍甚工古文辭嘗作東山賦或以爲不下孫興公李文正東陽見騵所爲駱賓王廟碑嘆賞不置稱爲文章宗匠自京師致問餽焉其志乘傳記率有體裁好諮訪時事評人物志行散逸不能爲醇儒而才美亦非諸儒所及

弘治中戴冠嘗重修郡志未及梓其書藏張修撰子

盡家子。盡嘗以示余，繁簡無法，且筆力萎弱，不脱學究氣，又謄寫差謬甚。冠字章甫，長洲人，府訓導也。好吟，凡越中勝地皆有歌詩，與唐侍讀之濬相賡和，篇雖富，亦鮮佳句。

嘉靖初年，知府南公大吉又重修郡志，先伯父尚寶公時在邑庠與焉。今刻本則止列吕金、張牧、駱居敬名，亦皆諸生也。其叙山川法山海經，近簡古，然太略。中又好爲史斷，於郡既鮮關涉，且文亦曼衍寡裁。刻止十二卷，未竟。修撰家有之。首卷圖數十葉，凡境内勝跡及水利險要皆具，或但以其圖行，曰紹興府縣

圖、
司馬相撰越郡志略十卷未行其書余亦未之見相
會稽人正德十六年進士授刑部主事遷福建僉事
以大獄不稱　上意謫歸清約自甘鄉人稱之
紹興紀略四卷山陰陸夢斗撰舉人仕至建寧府通
判其書用韻語分門紀事徵似賦而文稍近俚其自
敘亦稱附於王龜齡之三賦自為注甚詳傳中風俗
一章纖悉備矣大不為鄉人諱讀之為廢卷太息治
茲土者宜書一通置之坐隅
山陰志向有修者未成嘉靖十七年前兵憲嶺東許

公東望以進士學政於秋官問我山陰徐比部千巖萬壑之竒因索其志徐君曰無有也假得君爲吾邑令願留意焉弗旬月許公果拜山陰知縣踰三年乃輯邑志時張太僕及郴都昌文方有名於諸生間許即以志屬之而聘耆儒傅君易參校焉書十二卷文典核有法張公邑人諱天復字復亨遂於經學所作易制義數百篇學者誦之文慱洽工古文辭亦善書登嘉靖二十六年進士除祠祭主事入典　内制改驗封主事晉職方員外郎出爲儀制郎中遷湖廣提學副使皆以文學著名晉江西左叅政爲忌者所中

調雲南副使時有武定之亂而新昌呂尚書光洵寔爲撫臺用公計武定迄平公亦親冒矢石兩院方疏上公功會公遷甘肅行太僕寺卿去行太僕資雖高然其秩散得時者不遷焉攘功者因媒孽公適撫按俱新至者不能察遂以白簡加之　詔逮滇中長子元忭扶掖以往及至事得白乃以應　朝多取造冊紙坐罪罷職又三年而元忭登進士第一爲翰林院修撰儒林郎明年　今上嗣服覃恩元忭訟公寃復職致仕前公既家居值楊令君家相續縣志公再執筆增入近事甚多獨列傳循故俟論定也時傳已久

殘栁方仕於外公專其事然今刻本猶稱張天復栁文纂傳易校公以二公昔日嘗同事也心力具在不欲磨滅之也栁文邑人居諸生中亦以能古文顯少時與張太僕及羅生椿齊名號越中三傑晚又與徐生渭及陳山人鶴輩共爲歌詩先公時僑居郡城每見陳山人必索栁生詩輒手之諷詠不已余方髫年聞之亦忻慕焉後文以歲薦入都盛有名都下諸公卿皆重之仕至都昌知縣卒傳易邑人嘗以儒士應鄉試十五科不售人稱爲傳老儒熟典故

會稽志嘉靖中無錫華舜欽爲知縣時嘗屬金樂會

堦馬金谿尭相輯之未成後南充張鑑來屬餘姚岑原道爲之文未成隆慶初祥符楊節復經紀其事已上記省司將料費設館會以　召行而冊徒楊維新繼之時張修撰元忭子蓋適請告家居楊公遂紹前楊之緒以志屬子蓋子蓋又薦徐生渭使專編摩而子蓋相讐榷焉時岑稿已不復存惟求得馬氏本加之十七潤色其山川大約本郡舊志文辭爾雅可觀而戸書徭役特詳覈爲邑志最人物傳獨出子蓋手人服其公書十六卷金堦馬尭相俱邑人俱以歲薦起堦樂會知縣尭相金谿知縣徐渭亦邑人少有俊

才工古文能聲詩諸生每試輒高等而鄉書不薦武進薛憲副應旂督學浙中大奇之名益起未幾胡總督宗憲招致幕府委以記室之任以文辭爲名有事則授觚焉胡公甚重之素狂蕩不羈既直幕府猶時出與諸少年遊遊每深夜幕府開門待之間使人覘所爲還報曰徐秀才方持巨盞盛歡呼也胡公則喜曰甚善甚善又故謬爲無忌諱每候胡公開府祭戟雙列受事者方伏階下乃衣敝冠白三瀚衣直闖門入欲以觀其不畏者然有俠節不受賄遺不干胡公以私顧不無席氣勢自恣或以睚眦中傷人人反畏

殆之後胡公被逮渭慮禍及身因陽狂已乃爲真尋遘鄺炎之獄幽囹圄者八年素工書旣在縲絏益以此遣日於古法書多所探繹其要領主用筆大率歸米芾之說工行草真有快馬斫陣之勢久之胡公事漸觧諸公惜其才營救之會赦免遂與修志已去遊燕無何疾復作棄還家廢

蕭山志六卷嘉靖二十二年漳南林策爲知縣時張刑部燭所撰三十六年襄陽魏堂續增之不知出何人筆而藩相黃九皐爲之序燭邑人二十三年進士仕至南刑部郎中有文名九皐亦邑人十七年進士

諸暨志隆慶六年邑人駱問禮撰沈賁酈文相徐有
悅朱良弼參閱焉書二十卷時夏念東爲知縣開館
于青蓮寺問禮邑人嘉靖四十四年進士爲南某科
給事中侃侃不屈數上書諫諍皆大體巨務後又極
論諸中貴不宜與政得　旨降三級用授國子學正
乃問禮在南中未聞　命復他有論列遂復奉調外
之命謫雲南楚雄知事先是問禮嘗上疏言大閱無
益與時相忤因不復振後雖起爲南工部出爲參議
乃在滇南極遠地而附時者猶重物色之後與忤者
卒問禮乃復起遷湖廣副使素負高氣竟與時不協

復爲言者所中　詔特留之而問禮恐終不能取容
遂乞致仕沈鄺徐諸皆諸生有文者也志甚詳博其
考究尤精覈有據
餘姚志邑人楊撫岑原道胡膏纂撫正德十六年進
士以文學著名爲濟南知府識李按察攀龍於逢掖
中重獎許之李因茲名起撫後官止湖廣提學副使
善書能作徑尺餘大字膏嘉靖二十九年進士仕至
徽州同知原道蓋布衣韋帶之士即前所云撰會稽
志未成者也三公雖同領邑志然人皆謂多出原道
之手今志中稱余者類多原道語而楊序亦云考索

編纂之功岑居多焉原道涉獵傳記强識熟往事又旁通於陰陽星曆其爲志頗有史法能删芟蕪穢中獨缺田賦額數蓋俟覈正後塡入竟因循也顧邑人多不滿之咸謂其多誣云里中節孝家時有米肉之饋於岑姓褒揚太過夫受饋事不可知褒同姓固自宜然若其他所品隲諸先輩大要皆本輿論似非有私軒輊也且茲役固楊公主盟當更有裁正豈容夫一人自恣乎原道負氣高自許可先伯父先君皆與交先祖母喪時嘗來弔在繐帷前先伯父先君以先祖母在上側侍坐而岑岀巍然據北向坐雄談驚衆不

少爲貴官假色也余時方未及髫見之固目爲奇士
晩乃聞其折節於趙司空文華席聲勢頗招賄賂人
籍籍競詆之以是益爲志累云岑志既不見稱諸學
士先生乃盛稱古志簡嚴可法據謝侍郎丕序稱文
正公嘗手授一帙命增葺而楊序文謂吾師東溪于
公出手藁讀之足方信史然今謝于二姓無藏者余
承役郡志竭力搜求之竟不可得或言陳叅政墱家
有之余往叩陳公出一編示余長尺餘敝紙叢手所
錄簡略不數語文淺且蕪中稱景泰五年止亦非謝
于本也二三十年內事書有無竟不得的以此益知

作志之難矣志事起於知縣顧存仁成於通判葉金

嘉靖二十一年知縣阮朝策至刻之書十七卷

上虞志十二卷邑人郭南撰南居曹黎湖側欲以湖爲巳有又冐郭子儀爲祖遂託修志盡更舊本改曹黎爲皂李又妄入汾陽裔孫後爲通判以貪致富乃重價購舊志焚之并毀其板今所存者南志也久之南志亦毀于火而其子孫陵替乃以志爲乞貸資南蓋起自縣功曹云近新志錄本知縣朱維藩頗有增益然往事大抵襲郭故猶未成書

嵊志弘治十四年邑舉人夏雷緝人稱其搜訪不遺

餘力書十卷今具在文采可觀而未翦其蕪近有新志事稍增亦未卒業蓋學訓王天和諸生周夢秀輩所纂也天和永豐人學行皆可稱

新昌志成化間知縣李楫學訓莫旦修呂尚書光洵謂其叙述詳而乏體要張子蓋曰嘗見其書俚甚學究筆也萬曆七年知縣田琯又重修之諸生採訪者三十六人而張元益呂繼儒相詮次焉呂尚書爲總裁人物傳大抵出呂手其書十三卷亦蔚然成一家言第新昌人競以門第相高語多夸誕如所謂十進士六進士云者考之故籍無有也又言石氏義塾延

明道爲師而文翰杜呂四相皆出其門則益誕甚矣

呂公事見人物志元益山陰人有文行餘皆邑人

宛陵蕭公來治越諸廢既舉乃次第及修志遂以屬

張子蓋元忭及不敏鑛鑛逡巡未之敢任乃府公復

命縣尹丁君申諭之鑛以劄記請於子蓋然後致諾

焉素乏討論既受命茫然未得要領已乃取八邑新

舊志割裂之分類粘出再反覆觀焉始稍稍見端緒

久之未敢舉筆初鑛欲任其草創而以潤色俟之子

蓋既玩愒不克濟蕭公慮殺青無日乃又屬人物於

子蓋而俾鑛專地理焉今天下郡邑志於人物類多

俟百年之論間有斷自五十年者鑛欲從其例子葢曰昔孔子作春秋丘明爲傳即已續猶叙子長次史記天漢間乃獨詳焉今吾目覩事最真乃遜讓不紀述即後世何徵矣吾自信公直即鈇鉞不奪矧夫怨謗鑛甚壯子葢之志敢贊成焉嗟乎昔司馬子長作史記乃乘傳行天下觀山川問父老其篇中以目證耳者甚衆乃後世猶有牴牾之譏水經文至奇酈道元註最贍博且工王司寇元美至稱爲大地史然述會稽諸水亦未盡核嘉泰志云道元未身履浙江以東故誣如此今郡中不踰數百里鑛生於斯而未及

徧歷惟以往籍證難矣此所以顧望未敢遂者也異日得間尚期棹舟躡屐盡探諸名跡詢問遺老補所闕證謬誤焉書五十卷

紹興府志卷之五十

紹興府志後序

紹興蓋古會稽郡云。至我
明而隸浙爲府。浙之爲府者十有一，而毋敢
與紹興並者。毋論科名冠帶之盛，名臣烈
士之勳彪炳史册，甲于海内，即吾堯舜以
來相傳之道統，寢昌于宋儒，幾晦于訓詁，
而大明于文成王先生。王先生生紹興人也。
幹生于先生之後，私淑其道而竊慕其邦，
以爲其山川土風必有異于他處，而故老

之所傳述簡帙之所編摩文必有識大識

小而布在方策者。奉

命來守是邦亟。索。府。志。讀。之。無。有。也。與諸僚

扼腕而嘆以為

國家當文盛之時千家之邑一署之司靡不

有籍而紹興為海內名郡又吾文成先生

倡道之鄉柰何歷數百餘年而無志乎。諸

僚更代不常獨司理陳君與余周旋四年

之間乃謀之陳君陳君曰志未易言也。前

是而戴公南公不常爲之矣。戴爲而弗就，南飭而弗傳，何以故，夫志史也，史而經無如夫子之春秋。春秋紀一王之事，備列國之蹟，而托之魯，夫子謂吾魯人，悉魯事耳。故杞宋之事，夫子傷焉，而曰文獻不足徵也，甚矣史之貴于徵也。今守相若令，即久于其任，五六年止耳，吾以五六年之耳目而欲圖其山川，書其風俗，見以爲弗核也。志出而撦口咲矣。以五六年之耳目而進退其所謂賢而祀者于官微有所入、見以爲濫。于鄉微有所執、見以爲刻也。志出而反脣譎矣。吾不得其人而謀之、謀之彌衆而不成名曰聚訟之家。得其人矣、任之不專、則圖之彌久而不成、號爲道旁之舍。向所爲弗能弗傳意在斯乎。然則盡能其鄉之所謂賢大夫者而謀焉。而會太史張公太常孫公、相繼廬居、余則亟往請焉、復上其事于三臺監司諸公、咸報曰可、于是開館于稽山，即文成先生所為記尊經閣者也。而更聘郡人某某司分校之責，兩公執禮不入城，予則命諸生挾冊而就之。余與陳君亦數數往復訂焉。朞年而志成，為綱若干，為目若干，為卷若干，詳兩公序及序志中。蓋志成而別駕葛君、卜君先後至，予乃得與諸僚授簡而讀，而喜可知也。嗟乎，文成之道，未墜于地。譬之周禮在魯，而兩君子者皆聖人之徒。而文成之所寄心者也。且長先人若文恪文宗皆掌絲綸而典著述，有談遷彪固之業焉。斯所謂文獻足徵者歟。斯志也，其必傳無疑也。假令兩君子不憂居，而陳君不予贊也，猶然廢也。幸而就，猶然南公之續也。今豈惟斯志之幸。成曠典而終夙志，余不佞亦永有籍哉。若夫考民風而出治，纂先哲而景行，後必有賢守表揚而光大之，余姑書而竢焉。

萬曆丁亥秋七月吉旦

賜進士出身中順大夫知紹興府事宛陵蕭良榦撰